KB081437

어, 그래?

상상력과 추리력을 길러주는 지식백과

1

고정 관념을 버려라!
지적 쾌락을 즐겨라!

이종주·김경훈 지음

어, 그래?

상상력과 추리력을 길러주는 지식백과

아마존북스

어, 그래? 1

상상력과 추리력을 길러주는 지식백과

초판 1쇄 인쇄일 ㅣ 2016년 5월 25일
초판 1쇄 발행일 ㅣ 2016년 5월 30일

지은이 ㅣ 이종주 · 김경훈
일러스트 ㅣ 설지형
발행인 ㅣ 최화숙
발행처 ㅣ 아마존북스

출판등록 ㅣ 1994년 6월 9일
등록번호 ㅣ 제1994-000059호
주소 ㅣ 서울시 마포구 서교동 377-13 성은빌딩 301호
전화 ㅣ 335-7353~4
팩스 ㅣ 325-4305
e-mail ㅣ pub95@hanmail.net ㅣ pub95@naver.com

ISBN 978-89-5775-171-8 04300
ISBN 978-89-5775-170-1

값 13,500원

여행을 떠난 사람에겐 모든 것이 낯설다. 낯설음은 이미 존재하던 세계를 새롭게 보게 하고 우리를 새로운 상상력의 주인으로 만든다. 이 책은 호기심이라는 열차를 타고 떠나는 의문여행의 중간 도착역일 뿐이다. 독자의 무한한 상상력은 이 책을 덮는 순간 또 다른 여행을 떠날 것이다.

차례

1장 왜 길가에 버려진 구두는 대부분 한 쪽만 있는 것일까?

논리적 해답 부문 수상작 | 16
더욱 즐거운 지적 탐험을 위한 페이지 | 18

2장 성, 남과 여

여성은 왜 그때 소리를 낼까 | 25
남과 여, 포르노를 볼 때 반응이 어떻게 다를까 | 27
섹스로 인한 소모도는 남과 여 어느 쪽이 높을까 | 30
사람들은 사랑을 할 때 왜 눈을 감을까 | 32
남과 여, 첫 경험은 어떻게 다를까 | 34
오르가슴은 왜 일어나는 것일까 | 37
남성이 일생 동안 느끼는 오르가슴의 시간은 얼마일까 | 39
옛날 사람들은 어떻게 피임을 했을까 | 41
처녀의 문을 연 날, 그날의 감정지수는 | 43
키스는 과연 언제 생긴 걸까 | 45
정말 처녀를 분간할 수 있을까 | 47
사정되지 않은 정자는 어디에 숨어 있을까 | 49
성생활이 문란하면 임신할 수 없는 걸까 | 51
여성이 배란하는 난자는 언제 만들어질까 | 53
영국신사는 과연 신사였을까 | 55
처녀막은 무엇 때문에 있는 것일까 | 58
잠자는 동안 남자의 발기와 같은 현상이 여자에게도 일어날까 | 60
남자의 코 크기는 정말 정력에 비례할까 | 62
갓난아기도 자고 일어나면 발기를 할까 | 64

결혼반지는 왜 왼쪽 넷째 손가락에 끼는가 | 66

성 정체성 혼란은 왜 생길까 | 68

더욱 즐거운 지적 탐험을 위한 페이지 | 70

3장 이런 의문을 품어본 적이 있습니까?

의문1-충치의 원인이 되는 세균은 다른 사람에게 전염될까? | 77

의문2-다음 중 아프지도 가렵지도 않은 곳은? | 79

의문3-다섯 손톱 가운데 가장 잘 자라는 것은 어느 것일까? | 81

의문4-다음 중 어느 것이 어느 정도 더 길까? | 83

의문5-지문을 완전히 없애는 것이 가능할까? | 85

의문6-다음 중 감기에 가장 걸리기 힘든 곳은? | 87

의문7-목욕탕에서 나온 후 어떻게 하면 좋을까? | 89

의문8-잘 때 자세가 몸 상태를 나타낸다. 몸 상태가 가장 좋은 자세는?
　　　| 91

의문9-우주복을 입지 않은 채 우주공간으로 나가면 어떤 일이 생길까?
　　　| 93

의문10-술을 많이 먹은 다음날, 물이 먹고 싶어지는 이유는? | 95

의문11-우주여행을 오랫동안 하면 어떤 일이 벌어질까? | 97

의문12-다음 중 실제로 존재하는 개미는? | 99

의문13-올빼미는 양 눈이 얼굴의 정면에 나란히 붙어 있어 시계가 매우 좁
　　　다. 어떻게 이러한 상황을 극복할까? | 101

의문14-앵무새와 구관조가 사람 흉내를 내는 것은 무엇이 사람과 닮아서일까?
　　　| 103

의문15-적의 습격을 받으면 머리를 집어넣는 거북이. 어떻게 머리가 그 좁
　　　은 공간으로 들어갈 수 있을까? | 105

의문16-고래의 선조는 다음 어느 것일까? | 107

의문17-다음 중 일생 동안 움직이지 않는 동물은? | 109

의문18-어떤 두꺼비가 무심코 벌을 삼켰다. 그런데 벌이 두꺼비 몸 속에서
　　　난폭하게 움직인다. 그 후 두꺼비는 어떻게 할까? | 111

의문19-뱀의 혀에 대한 설명 중 틀린 것은? | 113
의문20-대부분의 동물은 염색체로 성별이 결정된다. 그러나 악어는 다르
　　　다. 도대체 어떻게 결정되는 것일까? | 115
의문21-도마뱀과 뱀에 관한 것 중 올바른 것은? | 117
의문22-사자의 으르렁거리는 소리가 그렇게 큰 이유는? | 119
의문23-사자의 공격의욕을 꺾는 방법은? | 121
의문24-소재는 동일하며 두께만 다른 유리 가운데 어느 쪽이 열에 약할까?
　　　| 123
의문25-약간 사이를 두고 2장의 종이 윗부분만 잡은 상태에서 다른 한 사
　　　람이 손으로 그 사이를 위에서 아래로 가른다. 종이는 어떻게 될
　　　까? | 125
　더욱 즐거운 지적 탐험을 위한 페이지 | 127

4장 사람을 알자, 보디 랭귀지

술을 마시면서 "카!"하는 소리를 왜 내뱉을까 | 133
"Fuck you!"이 제스처는 언제부터 사용된 것일까 | 135
손가락으로 만드는 OK 사인은 언제부터 생긴 것일까 | 137
사람들은 왜 콧구멍을 후빌까 | 139
벽에 붙은 현상범들의 사진은 왜 모두 지명수배범 같은 얼굴을 하고 있을까
| 141
사람들은 왜 혼잣말을 하는 것일까 | 143
너무 웃다 보면 눈물이 나온다. 왜 그럴까 | 145
졸릴 때 왜 눈을 비비게 될까 | 147
왜 먼 곳보다 가까운 곳을 볼 때 눈이 더 피로할까 | 149
색맹도 색이 있는 꿈을 꿀 수 있을까 | 151
눈을 감지 않고 재채기를 할 순 없을까 | 153
눈 밑의 처진 곳에는 수분이 모여 있을까, 지방이 모여 있을까 | 155
오랜만에 만난 친구의 얼굴은 기억하겠는데 왜 이름은 떠오르지 않을까
| 158

사람의 몸 가운데 가장 불결한 곳은 어디일까 | 160

어른이 된 후 키는 더 이상 자라지 않을까 | 162

피그미족은 왜 150cm이상 자라지 않을까 | 164

수술이 길어질 때 의사와 간호사는 화장실에 가고 싶지 않을까 | 166

잠을 자지 않으면 얼마 만에 죽을까 | 168

지능이 높은 사람과 낮은 사람 중에 누가 더 많은 영양분이 필요할까 | 170

영하 30도의 공기를 들이마셔도 폐가 얼어붙지 않는 이유는 | 172

감기에 걸렸을 때 왜 한쪽 코만 막히는 걸까 | 174

보조개는 왜 있는 것일까 | 176

더욱 즐거운 지적 탐험을 위한 페이지 | 178

5장 생각하지 않은 수의 세계

허파의 오른쪽과 왼쪽, 어느 쪽이 무거울까 | 185

1톤의 나무와 1톤의 금 가운데 어느 것이 무거울까 | 187

밀로의 비너스 사이즈를 아십니까 | 189

우주에서 가장 큰 숫자는 얼마나 될까 | 191

서양 사람들의 콘돔과 우리 나라 사람의 콘돔 크기는 똑같을까 | 193

페니스의 크기가 이혼사유가 되는가 | 195

세계에서 가장 작은 요리 재료는 모기 눈알! | 197

브래지어 사이즈는 어떻게 정해질까 | 199

로마 숫자는 계산용으로 쓰기엔 어색하다. 로마 사람들은 어떻게 계산했을까 | 201

육상에서 가장 큰 눈을 가진 동물은 | 203

왜 7은 행운의 숫자, 13은 불길한 숫자가 되었을까 | 205

왜 보신각 타종은 33번 치고, 예포는 21발을 쏠까 | 207

순금은 왜 24K일까 | 209

트럼프의 수는 왜 13일까 | 210

왜 동전에는 제조연도가 있을까 | 212

마라톤 코스는 왜 42.195km가 되었을까 | 214

왜 하루는 24시간이고 한 시간은 60분일까 | 216
더욱 즐거운 지적 탐험을 위한 페이지 | 218

6장 자연의 비밀

무지개는 어디가 끝인가 | 225
에베레스트 산이 정말 세계에서 가장 높은 산일까 | 227
사막은 모래로만 이루어져 있을까 | 229
강물표면의 높이는 가운데나 기슭에서나 모두 똑같을까 | 231
우주의 크기를 잴 수 있을까 | 233
2억 년 전에 한반도는 지구의 어디에 있었을까 | 235
앗, 나침반이 남쪽을 가리킨다 | 237
별똥별(유성)들은 몇 살일까 | 239
지구의 나이는 어떻게 알 수 있을까 | 241
태양의 온도는 어떻게 잴까 | 243
지구는 왜 기울어져 있을까 | 245
음이온은 왜 건강에 좋을까 | 247
비가 내리는 속도는 어느 정도일까 | 249
더욱 즐거운 지적 탐험을 위한 페이지 | 251

7장 동물의 세계

개는 쉬를 할 때 왜 한쪽 다리를 들까 | 257
상어도 복어를 먹으면 독에 죽을까 | 259
개와 고양이 중 어느 쪽이 귀가 더 좋을까 | 261
사람 이외의 동물에도 치질이 있을까 | 262
개미와 벌의 출퇴근 거리는 | 263
하이에나는 썩은 고기를 먹고도 왜 식중독에 걸리지 않을까 | 265
동물과 식물에도 혈액형이 있을까 | 267

아기 살모사가 개구리를 먹다가 혀를 깨물었다. 아기 살모사의 운명은 | 269
고래는 허파호흡을 하는 데도 왜 육지에 나오면 죽을까 | 271
멀리 이동하는 철새는 시차병에 걸리지 않을까 | 273
흡혈박쥐는 어떻게 피를 빨아먹을까 | 276
귀뚜라미는 수없이 날개를 비비는 데도 왜 날개가 망가지지 않는 것일까 | 278
눈꺼풀이 없는 물고기도 잠을 잘까 | 280
원숭이도 나무에서 떨어진다는데 왜 자다가 떨어진 새는 없을까 | 282
왜 죽은 바퀴벌레는 한결같이 뒤집어져 있는 것일까 | 284
남극에 사는 펭귄은 북극에서도 살 수 있을까 | 286
더욱 즐거운 지적 탐험을 위한 페이지 | 288

8장 생활 속의 과학

모래 위에 지어진 피라미드, 지진이 일어나도 무사할까 | 293
피사의 사탑은 언제 무너질까 | 295
사람의 소리가 고막을 터뜨릴 수 있을까 | 297
부모가 아이의 성(性)을 선택할 수는 없을까 | 299
할머니의 손은 왜 약손인가 | 301
감기에 걸렸을 때, 밤이 되면 더 심해지는 것 같은 이유는 | 303
사람도 앞으로 계속 진화하면 다른 동물이 될까 | 305
운동경기에서 홈팀의 승리확률은 얼마나 높을까 | 307
잠잘 때 눈의 초점은 어디에 맞춰질까 | 310
자석의 한가운데는 N극일까 S극일까 | 312
냉장고 문을 열어두면 시원할까 | 313
인공눈은 어떻게 만들까 | 315
더욱 즐거운 지적 탐험을 위한 페이지 | 317

1장

왜 길가에 버려진 구두는 대부분 한 쪽만 있는 것일까?

미국의 교통부와 연방 고속도로안전국에서는 많은 사람들에게 이와 같은 질문을 했다고 한다. 모든 사람들이 여기에 대해 한마디씩 했지만 그 이유에 대해 모두 납득할 만한 답을 제시한 사람은 한 사람도 없었다고 한다. 미국의 한 신문에서 이에 대한 독자의 투고를 받아 다음과 같이 그 해답을 정리했다. 원래 수상작은 「논리적 해답 부문」 「경험적 해답 부문」 「고백적 해답 부문」으로 나뉘어져 있는데 여기에는 「논리적 해답 부문」 수상작만을 소개한다. 하나의 물음에 언제나 하나의 정답만이 존재하는 것은 결코 아니다. 하나의 정답만을 구하는 사람은 아무리 시간이 흘러도 진보가 없기 마련이다. 자, 여러분도 이 질문에 대해 자신의 상상력을 발휘해 다른 사람이 생각해내지 못했던 답을 찾아보기 바란다. 그러면 새로운 지적 모험의 세계가 열릴 것이다.

♣「경제학의 비전문가에 의한 구두 공급론」최우수상

– 만일 구두가 양쪽 모두 떨어져 있었다면 누군가가 주워서 가져갔을 것이다. 따라서 우리 눈에 자주 보이는 것은 한 쪽만 남아 있어 아무도 가져가지 않는 구두이다.

♣「음모설」최우수상

– 양쪽이 모두 있는 구두를 누군가가 발견했다고 가정해보자. 그것을 주운 사람은 사용한 지 오래된 그 구두를 다시 사용할 것이고 제화업계의 매상은 더 이상 오르지 못할지도 모른다. 제화업계는 슬며시 비밀첩보원 같은 '로드 에이전트'를 고용해 길거리에 양쪽 모두 짝이 있는 구두가 떨어져 있다면 한 쪽만을 모조리 주워 버리도록 시키는 건 아닐까?

♣「미식축구로부터의 발상」최우수상

– 맨발로 필드 골 킥을 하는 미식축구 선수들이 자신들에게는 구두가 한 쪽밖에 필요없다고 생각하고 구두 한 쪽을 버렸을 것이다.

♣「만화 주인공을 끌어들여 그 답을 논한 주장」 최우수상

– 만화 『가필드』의 주인공 고양이 가필드는 이렇게 생각했다. '왜 쓰레기통에는 구두가 한 쪽밖에 없을까? 인도에도 도로에도 구두가 한 쪽만 떨어져 있는 것은 무슨 이유일까? 도대체 사람은 왜 제대로 맞는 물건을 그대로 버릴 생각을 하지 않는단 말이야' 하고 고개를 저었다. 쓰레기통에서 구두 한 짝을 발견한 가필드는 곧 옆에 있는 집의 문을 노크했다. 아니 이게 누구야! 의족을 단 한 쪽 발의 해적이잖아!

♣「가장 성실한 설」 우수상작

– 길거리에 버려진 구두는 모두 달려가는 차 속에서 던져진 것이다. 구두를 내버릴 때 실제로는 양쪽 모두를 버리지만 대부분의 사람들은 한 쪽씩 집어서 던지기 때문에 한 장소에는 한 쪽 구두만이 남아 있다.

명사수가 되는 가장 쉬운 방법은?

상상을 해보자. 한 카우보이가 헛간을 향해 총을 쏜다. 표적지는 붙어 있지 않다. 카우보이가 총을 쏘기를 계속하면서 헛간의 벽에는 총알구멍이 가득해진다. 카우보이는 만족한 얼굴로 헛간으로 걸어가 벽에 생긴 총알구멍들 중에서 가장 가깝게 모인 자국들을 찾는다. 그리고 그곳에 표적지를 그린다. 그는 최고의 명사수가 된 것이다. 세상에는 수많은 우연이 존재한다. 그런데 몇 개의 우연이 정말 우연하게 겹치게 되면 사람들은 우연이 아닐 수도 있다고 생각하게 된다. 실제로 제2차 세계대전 때 영국 런던의 사람들은 계속해서 특정지역에만 폭격이 비껴가는 것을 발견하고 그 건물에 독일 스파이가 살 것이라고 믿기 시작했다고 한다.

왜 헛것을 보게 되는 걸까?

불길 속에서 악마의 모습을 보거나 구름에서 성모 마리아의 모습을, 강아지의 몸에서 예수의 모습이 나타났다며 인터넷에 사진들이 소개되어 사람들의 관심을 끌었다. 이렇게 명확하지는 않지만 대부분의 사람들은 나무의 결이나 방안의 벽지 또는 불규칙한 모양으로 구성된 타일을 보다 보면 어떤 형상을 발견하는 경험을 한다. 이런 시각적 착각을 '파레이돌리아 Pareidolia'라고 한다. 그리고 불규칙한 타일의 문양이나 벽지 등에서 어떤 모양을 보게 되는 것을 '아포페니아 Apophenia'라고 한다. 신경과 의사였던 피터 브루거 Peter Brugger는 아포페니아 현상을 '외관상 서로 무관한 사물, 사상 등에서 연관을 보려는 현상'이라고 정의했다.

왜 다른 사람과 함께 일하면 게을러질까?

1974년, 심리학자인 앨런 잉엄은 줄다리기 실험을 했다. 그는 밧줄을 힘을 측정할 수 있는 기계에 연결한 후 사람들의 눈을 가리고 줄을 잡아당기게 했다. 사람들에게는 이 기계가 마치 밧줄의 상대편 사람들인 것처럼 이야기했다. 그런 뒤 여러 사람들이 함께 줄을 잡아당기게 하고 그 뒤 한 사람씩 다시 줄을 잡아당기도록 했다. 그러자 혼자 당길 때보다 여러 사람이 함께 잡아당길 때 18% 정도 힘을 덜 쓴 것으로 나타났다. 공동농장이 개인농장보다 생산성이 떨어지는 것도 이 때문인데 이런 현상은 단순히 일을 함께 할 때처럼 집단 안에서 개인의 역할이나 노력이 드러나지 않는 부분에서 쉽게 발견된다.

코브라에 현상금을 걸면 어떻게 될까?

인도가 영국의 식민지였을 때 영국인들에게는 코브라가 처리해야 할 문제였다. 독성이 강한 데다가 숫자도 많아 이만저만한 골칫거리가 아니었다. 그래서 영국 총독은 코브라를 죽여서 가져오면 현상금을 주겠다고 발표했다. 그러자 인도 사람들은 돈을 벌기 위해 코브라를 죽였고 코브라의 수가 줄어들었다. 그런데 일부 머리 좋은 인도 사람들이 코브라를 사육하면 큰돈을 벌 수 있다는 것을 알게 되었다. 그러자 여기저기서 코브라를 사육하는 사람들이 늘어나게 되었고 현상금이 바닥나게 되었다. 사육한 코브라를 이용해 돈벌이를 한다는 것을 알게 된 총독은 곧 현상금을 지급하지 않게 되었다. 이 소식이 전해지자 코브라를 사육하던 사람들은 자기가 키우던 코브라를 모두 풀어주었다. 결국 코브라의 숫자는 현상금을 걸 때보다 더 늘어나게 되었다.

외로움도 전염이 될까?

시카고대학의 존 카시오포는 다른 사람들과 같이 있으면서도 외로움을 느끼는 현상에 관심이 있었다. 그가 조사한 5,000명이 넘는 사람들은 전화나 문자로 친구들과 대화를 했고 주변에는 이야기를 나눌 수 있는 사람들이 있었지만 외로움을 느끼고 있었다. 그들은 1년에 대략 48일 이상 심각한 외로움을 느꼈으며 자신과 친밀한 사람이 외로움을 느끼면 자신도 외로워진다고 대답했다. 특히 여성들에서 이 비율이 높았는데, 친구들이 외로워하면 자신도 외로워지고, 내가 외로우면 친구들도 외로워진다고 했다. 이 연구결과를 보면 결국 나의 외로움은 나 자신에게서 그치는 것이 아니라 주변 사람들에게도 외로움을 전염시키게 된다.

폭력은 정말 유전되는 것일까?

'원숭이는 본 대로 한다 Monkey see, monkey do' 라는 말이 있다. 자메이카에서 유래한 속담이라고 한다. 1960년 스탠퍼드대학의 심리학 교수였던 반두라는 3세에서 6세 사이의 아이들을 대상으로 한 가지 실험을 했다. 먼저

피험자가 된 아이는 연구원과 함께 놀이방에 들어간다. 그러면 연구원은 방의 한쪽에 있는 보보인형을 장난감망치로 때리거나 집어던지는 것처럼 폭력적인 행동을 한다. 그리고 연구원은 방에서 나오고 아이는 혼자 놀게 된다. 비교를 위해 연구원이 폭력적인 행동을 보여 주지 않은 아이들도 있었다. 실험 결과 연구원의 폭력적인 행동을 보았던 아이들이 장난감을 훨씬 공격적으로 가지고 놀았다. 특히 연구원과 아이들이 같은 성이었을 때 더 두드러지게 나타났다. 아이들은 동성의 어른들이 보이는 행동을 그대로 따라한 것이다. 심리학자인 후스만은 27년 동안 330명의 아이들을 관찰했다. 결과는 마찬가지였다. 어렸을 때 폭력적인 장면에 많이 노출된 아이들이 성인이 되어서도 공격적인 행동을 할 위험이 높다는 것이었다.

성, 남과 여

여성은 왜 그때 소리를 낼까

섹스를 하고 있을 때 쾌감을 느끼면 자신도 모르게 신음소리가 절로 나오게 된다. 그러나 과연 이 신음소리는 자신의 의도와는 관계없이 저절로 나오는 것일까? 아니면 의식적이고 계산된 행위인가?

남성이 소리를 내는 경우는 그다지 많지 않다. 원래 성욕을 고조시키는 것은 남성 호르몬의 작용이라고 알려져 있다. 여성이라 할지라도 성욕은 남성 호르몬이 유발되어 일어난다. 그런데 일반적으로 남성에 비해 남성 호르몬이 적을 수밖에 없는 여성은 성욕을 의식적으로 높이기 위해 특유의 소리를 내면서 무드를 고양시켜 가는 경우가 많다.

즉, 쾌감을 느끼기 때문에 자연스럽게 소리가 나오기보다는 쾌감을 느끼기 위해 의식적으로 소리를 내기도 한다는 사실이다.

여성은 자신도 모르는 사이에 눈물까지 글썽이는 노력도 한다. 노력하는 것은 신음소리만이 아니다. 침실의 조명을 간접 조명으로 바꾸거나 섹시한 속옷이나 잠옷을 차려 입기도 하고 눈을 감기도 하면서 사랑하는 이와의 무드를 고양시키기 위해 애를 쓰기도 한다. 과연 남자들은 사랑하는 여성을 위해 얼마만큼의 최선을 다하고 있는가?

그녀를 자신의 집으로 부른다. 먼저 가벼운 와인으로 그녀의 긴장감과 수치심을 누그러뜨린다. 다음엔 공유 사이트에서 다운받은 성인용 영화의 플레이 버튼을 누른다. 대사도 별로 없고 감동적인 스토리도 없이 처음부터 끝까지 야한 장면이 계속된다.

시작할 때부터 남자는 흥분하기 시작한다. 그러나 그녀의 반응은 아직 별로 나타나지 않는다. 기대와는 사뭇 다른 결과다.

원래 남녀의 섹스 장면을 볼 경우, 남자는 빨리 흥분하지만 여자는 생각만큼 쉽게 흥분하지 않는다. 이것은 남녀가 태어날 때부터 갖고 있는 생리적인 차이라고 할 수 있다. 미국의 유명한 『킨제이 보고서』는 성에 관한 흥미진진한 조사내용을 담고 있다. 다음은 성과 관련된 내용을 접하게 한 후 남녀가 각각 어느 정도 흥분했는가를 조사한 것이다.

◆ 이성의 벌거벗은 몸 – 남 72%, 여 58%

◆ 포르노 사진 – 남 54%, 여 12%

◆ 포르노 소설 – 남 56%, 여 60%

◆ 러브신이 나오는 영화 – 남 36%, 여 48%

　남성이 여성의 벌거벗은 모습이나 포르노 사진 등 시각적인 자극에 쉽게 흥분하는 것에 비해 여성은 포르노 소설이나 영화의 러브신처럼 정서적이고 마음과 육체를 차근차근 자극해 나가는 것에 흥분하는 경향이 있다.

가장 극단적인 예가 남녀가 섹스를 하는 장면을 직접 보는 것인데, 남성은 거의 100%가 흥분하는 반면 여성은 불쾌감을 느끼는 사람이 상당 정도에 달한다. 유전적인 원인도 있겠지만 문화적 전통에 따라 정형화된 여성과 남성으로 길러졌다는 점도 적지 않게 작용한다.

 남성 자신의 시각에서 강렬한 무드를 연출하려고 해도 여성은 성적 흥분을 다른 사람 앞에서는 쉽사리 노출시키지 않도록 교육받아 왔기 때문에 생각만큼 흥분하지는 않는다. 그것보다는 귓가에 대고 속삭이는 사랑의 밀어에 몸을 떠는 여성이 많다. 포르노 영화를 사용한다고 해도 위의 상황을 고려해 잘 선택하지 않으면 모처럼 온갖 노력을 기울였지만 수포로 돌아가고 마는 결과를 초래할 수 있다.

섹스로 인한 소모도는
남과 여 어느 쪽이 높을까

.

절정의 순간을 지나 침대에 함께 누워 있는 남과 여. 흔히 우리는 '탈진했다'는 표현을 쓴다. 그런데 남성과 여성 가운데 섹스로 인한 소모도는 어느 쪽이 높을까?

정상위의 경우를 고려해보자. 여성은 등을 대고 편안히 누워 있다고 생각되는 반면 남성은 팔로 자신의 무게를 지탱하면서 상하운동을 해야 한다. 누구나 당연히 남성의 섹스 소모도가 높을 것이라고 생각하기 쉽다.

그렇지만 답은 전혀 틀리다. 의외로 섹스로 소비하는 칼로리는 여성이 많은 것으로 나타난다. 그러나 섹스의 소모도를 측정하는 데 이 데이터만으로는 불충분하다. 기초대사의 차이가 계산되어 있지 않기 때문이다.

편안하게 잠자고 있을 때 소비되는 칼로리가 '기초대사'다. 여기에는 남녀의 차가 있는데, 남성은 여성보다 200칼로리가량 많이 소비한다. 결국 남녀 모두 엇비슷한 힘을 쓰고 있다는 말이 된다. 그렇지만 체내에 영양을 공급하는 부교감신경의 움직임은 여성이 남성보다 뛰어나다. 즉, 여성은 섹스를 하는 과정에서 에너지를 소비하면서도 한편으로 영양을 공급받고 있기 때문에 실제로는 남성이 더 쉽게 피로를 느끼는 것이다.

평상시에는 칼로리를 사용하고 있지 않다가 섹스를 하게 되면 비로소 비축해 놓은 칼로리를 소비한다고도 할 수 있다. 여성의 몸은 섹스에 알맞은 구조를 갖추고 있다는 탄성이 절로 나올 만하다.

사람들은 사랑을 할 때 왜 눈을 감을까

사람은 왜 결정적인 장면에서 눈을 감는 것일까? 그 이유는 오르가슴을 느끼는 순간은 시각이 필요하지 않기 때문이다. 아니 거추장스러운 것이라고 할 수도 있다.

섹스는 상대를 응시하는 것부터 시작된다. 아름다운 얼굴, 젖가슴, 여성의 성기, 남성의 성기……. 이때에는 시각이 중요한 역할을 담당한다. 무엇보다도 눈에서 전해오는 정보로 흥분은 고조되어 간다.

다음 단계는 애무다. 이 단계로 접어들면 키스, 젖가슴에 대한 애무, 전신애무, 성기를 손으로 자극하는 등 촉각이 활약을 한다. 기분이 점차 상승해 가면 가끔씩 눈을 감는다. 눈을

불면으로 시달리는 사람에게 1) 고추를 핥는다 2) 감을 배에 붙인다 3) 파를 코에 댄다는 것 중 가장 효과적인 방법은?
파에는 일종의 정신을 안정시키는 성분이 있다. 이것은 강렬한 냄새만으로도 뇌에 작용을 미쳐 긴장감을 풀어주고 빨리 잠에 들게 한다.

뜰 때는 상대의 표정을 읽는다거나 몸의 특정 부분을 확인하는 것이 주요한 임무다.

이제 클라이맥스 단계가 된다. 돌이킬 수 없는 상황이 되고 남녀는 대부분 눈을 감은 상태다. 눈을 감음으로써 쾌감을 얻기 위한 집중력이 높아지고, 보다 깊숙한 오르가슴을 느낄 수 있다. 상대의 교성이 흥분을 촉진시키고 흥분은 급속하게 상승커브를 그린다. 이 단계에서는 청각이 대단히 중요한 역할을 한다. 시각은 지금까지의 단계를 거쳐 오면서 이미 충분하게 자신의 역할을 다한 것이다.

다만 개중에는 절정에 오른 상대의 얼굴을 보지 않으면 절정에 오를 수 없다는 사람도 있을 수 있다. 그 경우는 부담을 갖지 말고 상대의 얼굴을 보는 편이 좋다. 중요한 것은 가장 감정이 고조된 상태에서 절정을 맞이하는 것이다.

남과 여, 첫 경험은 어떻게 다를까

확실히 여성에게 있어서 결혼이란 수많은 일거리와 심리적 부담감을 가져다준다. 요리, 청소, 빨래는 기본이고 곧이어 아이를 낳게 되면 육아가 추가된다. 결혼을 안 하고 싶다는 기분을 십분 이해할 수 있다. 남성들은 대부분 가사노동에 대한 책임을 일방적으로 여성에게 미루는 경우가 많다.

그렇지만 최근 들어 남녀교제에서 예전과는 달리 여성이 압도적으로 적극적인 경우가 많아졌다. 텔레비전이나 영화에서도 여성이 먼저 프러포즈하는 장면을 흔히 볼 수 있다. 결혼 적령기의 인구 중에서 남성이 여성보다 숫자가 많다는 객관적인 사실 이외에도 여성의 결혼생활에 대한 가치관이 달라졌다는 것도 매우 중요한 이유가 될 것이다. 특히 '결혼만이 인생의 전부는 아니다'라고 생각하는 여성이 늘어난다는 사실은 매우 고무적이다.

이제 입장이 역전되어 여성이 남성을 이리저리 휘두르며 사

잠깐만 쉬었다 갈까?

는 일도 드물지 않다. 남성을 사귀다가 자신이 먼저 남자를 찼다고 자랑스럽게 이야기하는 여성도 있다. 처녀성을 뭔가 귀찮은 짐쯤으로 이야기하는 여성도 있다.

그렇지만 여성의 심리를 고려해 볼 때 이러한 경향은 뭔가 좀 위험스러운 것 아닐까? 말로는 자신을 당당하게 변호할 수 있을지 모르지만 여성은 심리적으로 첫 남성의 그림자를 쉽게 떨쳐버리지 못하는 경향이 있기 때문이다. 체험 전에는 단순한 통과의례로밖에 생각하지 않을 수도 있지만 첫 경험을 하고 난 후에는 그 남성의 존재가 의외로 크다는 것을 느끼게 된다.

첫 경험은 몇 월 며칠이고 장소는 그곳, 그때 상황은…….

이처럼 남성이라면 쉽게 잊어버릴 만한 것도 일생 동안 기억하며 살아간다. '그 정도야 보통 있을 수 있는 일 아니에요?'라고 일소에 부칠 여성도 있겠지만 그것은 이미 첫 경험에 지배받고 있다는 유력한 증거다.

결혼은 논외로 하더라도 상대가 진정으로 사랑하고 있는 남성이라면 그 여성은 첫 경험에 대해 행복감을 느낄 것이다. 그렇지만 첫 남성과 어떤 특별한 관계를 원할 경우 이에 얽매여 후회할 가능성도 그만큼 크다.

남성에게 있어 첫 경험이 '기념일'이 되는 경우는 그리 많지 않다. 물론 처음에는 둘이서 하나가 되었다는 기쁨을 느끼기도 하지만 얼마 되지 않아 잊어버리게 되고 곧 새로운 체험을 모색해 간다. 결국 수동적인 여성, 공격적인 남성으로 확연히 구분되고 마는 셈이다.

시대가 변화해도 여성의 본질은 쉽게 변하지 않는다. 자신의 몸을 열기 전에 냉정히 그 관계에 대해 생각해 보는 편이 좋다.

여성 오르가슴의 정체는 무엇일까

여성의 오르가슴은 세 가지 구성요소가 있는데, 이 가운데 하나라도 없으면 오르가슴은 일어나지 않는다. 첫째로 가장 중요한 것은 신경이다. 신경은 척수의 한 부분에 모여 오르가슴 중앙관제소를 이룬다. 접촉, 냄새, 소리 등의 모든 감각을 통해 척수에서 성기로 성기에서 척수로, 양 방향으로의 신경자극이 전달된다. 자극이 급속도로 증가하면 더이상 자극을 소화할 수 없게 되고, 중앙관제소는 명령을 내린다. 둘째로 척수에서 온 자극은 질 입구를 싸고 있는 관상근육을 조였다 풀었다 하게 된다. 자극이 심하면 자궁도 수축한다. 셋째 요소는 혈관계다. 근육이 조였다 풀렸다 하면 상대적인 진공상태가 되어 여성 성기 정맥의 피가 모두 빨려 나가고 긴장이 풀어진다. 이때가 절정상태다.

오르가슴은 왜 일어나는 것일까

사람이 갖고 있는 신비한 기능 가운데 하나가 오르가슴이다. 남녀가 서로 다른 이성을 만나 사랑을 나누면 감미로운 쾌감을 느낄 수 있다. 만약 이 오르가슴이 없다면 아무도 적극적으로 섹스를 하려고 생각하지 않을 것이고 심지어 인간이란 종 자체가 없어질지도 모른다. 반면 성범죄는 현격하게 줄어들 것이다. 약간 관념적인 생각이긴 하지만 현실적으로 오르가슴은 왜 일어나는 것일까?

먼저 남성의 오르가슴은 사정 그 자체라고 할 수 있다. 성기는 딱딱해져 여성 질 내부에 삽입을 가능하게 해주고, 보다 자궁에 가까워지도록 길어진다. 그리고 방출된 정액은 그냥 흘러나오는 것이 아니라 힘 있게 쏘아짐으로써 죽을 각오를 하고 난자를 향한 사랑의 여행을 떠난다.

이를 맞이하는 여성 역시 마찬가지다. 오르가슴이 가까워오면 자궁 내부가 수축되고 질 안으로 자궁구가 열리게 된다.

오르가슴을 맞으면 자궁이 수축운동을 반복하고 정액을 흡수해 위로 끌어올린다. 그리고 몸이 활처럼 뒤로 휘어진다거나 오르가슴이 끝난 후 잠시 동안 꼼짝하지 않고 있는 것은 어쩌면 정액이 밖으로 흐르지 않도록 하기 위한 본능에서 나온 행동인지도 모른다.

결국 오르가슴을 둘러싼 인간의 기능, 본능적인 움직임은 모두 생식을 위한 것이라고 해도 과언이 아니다. 덧붙여 말한다면 여성은 배란 이틀 전쯤 되면 호르몬의 분비가 왕성해지고 성욕도 높아져 오르가슴에 쉽게 도달할 수 있도록 몸이 만들어진다. 이 또한 오르가슴이 생식과는 떼려야 뗄 수 없는 관계에 있다는 것을 보여준다.

오늘날 생식만을 위해 행해지고 있는 섹스는 드문 편이라고 할 수 있다. 진화를 거듭함에 따라 생식을 위한 오르가슴의 필요성이 희박해지고, 이윽고 섹스를 해도 느낌이 없는 그런 날이 올지도 모른다. 많은 SF소설은 인간의 종족번식 기능 자체가 컴퓨터나 실험실에 의해 대체되고 성적 쾌락을 얻기 위한 섹스 기능 역시 극단적으로 퇴화하는 모습을 그리곤 한다. 물론 그렇지 않기를 간절히 바라지만……

남성이 일생 동안 느끼는 오르가슴의 시간은 얼마일까

　많은 젊은 남성들은 자신의 욕구를 채우기 위해 여성에게 값비싼 선물을 하거나 호화스러운 식사로 유혹하기도 한다. 지갑이 텅텅 비게 되는 경우도 적지 않은데 그럼에도 불구하고 끊임없이 공세를 취한다는 사실은 섹스에 그 이상의 가치를 인정하고 있다는 하나의 증거인 셈이다.

　그렇지만 좀 더 곰곰이 생각을 해보자. 선물을 손에 넣거나 식사 대접까지 받는 여성의 오르가슴이 남성에 비해 보다 만족스러운 것은 아닐까? 여성의 오르가슴은 밀려오는 파도처럼 서서히 높아지고 서서히 식어간다. 지속시간 역시 상당히 길다.

　이것에 비해 남성은 짧은 시간에 높아졌다가 '앗' 하는 사이에 사정에 이르게 된다. 오르가슴이라고 할 만한 시간은 길어야 겨우 30초에 불과하다. 극단적으로 말하면 이 30초 때문에 남성은 자신의 지갑을 털어내고 심지어는 수많은 마음의 고통을 겪는다고 할 수 있다.

조금만 더 계산해보자. 50년 동안 매주 1회의 주기로 섹스를 한다고 가정했을 경우, 한 번의 오르가슴이 30초라면 남성이 일생동안 오르가슴을 느끼는 것은 불과 20시간에 지나지 않는다. 한 번의 성행위에서 최고 백번의 오르가슴을 느끼는 여성이 있다는 연구결과를 고려하면 남자의 오르가슴은 정말 짧다.

이 오르가슴은 본능의 문제로 이성이 작용할 여지는 별로 없다. 훈련에 훈련을 거듭해도 별로 개선의 여지가 없다. 오르가슴에만 국한해 이야기한다면 남자는 정말 굵고 짧게 사는 동물이다.

옛날 사람들은 어떻게 피임을 했을까

　요즘은 중학생, 심지어는 초등학생도 피임법 한두 가지는 알고 있다. 워낙 에이즈가 기승을 부린 탓도 있지만 과학이 발전하면서 보다 간편하고 안전한 피임법이 계속 개발되고 있다. 그럼에도 불구하고 피임에 100% 성공하기란 힘든 실정 인데, 옛날 사람들은 과연 어떻게 피임을 했을까?

　그리스의 아리스토텔레스가 고안해낸 것으로 여성 자궁 내에 납을 함유한 연고, 혹은 올리브유와 유향(열대 식물인 유향수의 진을 말린 수지), 서양 삼의 지방 등을 넣는 방법이 있었다. 이것은 세기의 미녀 클레오파트라도 알고 있을 정도로 유명했는데, 정자의 활동력을 현저히 약화시킨다고 한다. 그 중에 서양 삼의 기름은 효과가 탁월한 것으로 알려져 있다.

　고대 이집트에서는 악어 똥+꿀+천연탄산소다, 양배추, 명반, 무화과 껍질, 석류, 소금 등이 사용되었다. 이것들은 모두 질 내에 삽입하는 '좌약'이었는데 성공률은 고작 50% 정도였

다. 명반은 효과가 너무 좋다 못해 지나쳐서 불임증에 걸릴
정도였다. 이것은 그들이 원하는 피임의 범위를 뛰어넘는 것
이다.

특별히 피임법이라고 말할 수 있는 것은 아니지만 프랑스에
서는 '남녀가 오른발부터 침대에 들여 놓는다', 독일에서는
'남자의 구두를 베개 밑에 두면 임신을 막을 수 있다'는 말이
있다.

그리스와 이집트의 방법은 그 나름대로의 효과가 있을지는
모르지만 이것을 사용하려고 새삼스럽게 색다른 노력이 기울
여지지 않기를 바란다. 당연히 현대의 피임법이 보다 우수하
고 안전하기 때문이다.

소녀가 첫 생리를 하게 되면 자신으로선 매우 당혹스러운 일이지만 어머니를 비롯한 가족들은 상당히 대견스럽게 바라본다. 기뻐하는 부모의 얼굴을 바라보며 왠지 모르게 자신도 쑥스럽긴 하지만 기쁜 생각이 들기 마련이다. 그리고 자신이 이제 당당한 여성이 되었다는 것에 대해 만족스러워한다.

10대 초반에 시작한 여성의 생리는 40대 후반, 50대 초반에 끝이 난다. 여성의 폐경 시기는 선사시대, 즉 평균수명이 30~40세도 되지 않던 때는 적당했지만 80세 이상의 평균수명을 누리게 된 오늘날 여성에게 심리적 압박을 주는 갱년기로 변했다. 어쨌든 여성의 생리는 약 30년에 걸쳐 거의 한 달에 한 번씩 월례행사처럼 치르게 되며 그때마다 자신이 아이를 낳을 수 있는 여성임을 자각하게 된다.

여성의 생리가 진행되는 30년 동안 여성으로서의 가장 큰 사건은 무엇일까? 뭐니 뭐니 해도 첫날밤, 처녀의 문을 연 날일 것이다. 요즘은 그날이 신혼초야일 때보다 그렇지 않은 경우가 많아 단순히 첫날밤이라고 부르기가 곤란한 점도 있지만.

초경 때와 달리 '처녀의 문을 연 날', '처녀를 상실한 날'은 대개 당사자 이외에는 거의 아무도 알지 못한다. 스스로에게 '이제 진정한 여자가 된 것인가?'라고 자문자답할 뿐이다. 이 '처녀를 상실한 날'에 대한 조사내용을 살펴보자.

◆ 기쁘다 – 38%(0)

◆ 부끄럽다 – 28%(40)

◆ 자연스러운 일이라고 생각한다 – 18%(20)

◆ 약간 무섭다 – 9%(60)

◆ 비참하다 – 7%(80)

(괄호 안은 '배가 뒤틀린다'를 100으로 하는 불쾌지수)

결국 후회를 하는 여성이 별로 많지 않다는 사실을 알 수 있다. 별로 긍정도 부정도 아닌 반응이라고나 할까? 시대가 시대인 셈이다.

다만 이것은 추측이지만 나중에 '기쁘다'라고 대답한 사람도 관계를 맺기 전에는 겉으로나마 거절의 의사표시를 내비쳤을지도 모른다는 점이다. 여성의 본심을 파악하기란 쉬운 일이 아니다. 가슴 속에 품고 있는 생각과 실제 말이 180도 다른 경우도 많다.

키스는 과연 언제 생긴 걸까

키스는 사람이 만들어낸 매우 소중한 행위다. '안녕', '보고 싶었어요', '이제 그만 들어가', '이제 쉬어', '다녀오세요' 등등 생활의 순간순간마다 상대의 감정을 확인하는 마음의 안정제라고 할 수 있다.

고도의 테크닉을 가진 사람은 키스만으로 여성의 마음을 사로잡는다. 이러한 사람에게는 키스가 무엇보다도 소중한 보물이다. 물론 키스는 기술보다는 서로를 사랑하는 마음이 중요하다는 사실을 잊어서는 안 된다.

그런데 과연 사람은 어떻게 해서 키스를 하게 되었을까? 다음과 같은 설을 주장하는 사람이 있다. 사람이 수렵생활을 시작하면서 사냥하러 나가는 것은 남성, 집을 지키는 것은 여성으로 서로의 역할이 나뉘어졌다. 사냥하러 나간 남성은 짐승의 발자국을 쫓아다니다가 문득 집에 남아 있는 아내에 대한 걱정이 떠올랐다.

'누군가에게 습격을 받지나 않았을까?'

이와 동시에 '내가 없는 사이에 혼자서 술이나 음식물을 탕진하면서 바람을 피우지나 않을까?' 하는 의심이 피어올랐다.

사냥을 마치고 집에 돌아온 남성은 맨 먼저 아내의 입술을 '맛본다.' 증거가 남아 있으면 즉각 알 수 있다. 이것이 키스의 기원이라는 주장이다.

이상은 추측에 불과하지만 남자는 자신이 의심하고 있다는 사실을 입으로 말하지 않는다. 여기에서 아내에게 키스를 애정표현의 방법이라든가 일종의 신뢰를 보이는 것이라고 납득시킨다.

이윽고 그 사실이 주위에 퍼지고 현재까지 전해져 내려온 것이 아닐까.

'키스는 달콤한 것' 이란 생각과는 영 거리가 먼 이야기다.

처녀막에는 조금의 틈도 없을까

처녀막은 완전히 막혀 있는 것은 아니다. 처녀막에는 지름 2cm 정도의 구멍이 있어 생리 때 출혈이 밖으로 빠져나오는데 지장이 없도록 되어 있다. 중심부가 뚫려 있을 경우도 있고 망처럼 여러 개의 작은 구멍으로 뚫려 있을 수도 있다. 드물게는 나무 잎사귀나 반달 모양도 있다. 극히 드물게 전혀 구멍이 없어서 생리혈이 다시 자궁으로 역류하는 사람도 있다. 이때는 병원에 가서 처녀막의 일부를 수술로 뚫어주면 간단히 해결된다.

정말 처녀를 분간할 수 있을까

　순백색의 시트 위에 붉은 핏자국. 여성이 처녀인가 아닌가를 알아보기 위해 그녀가 샤워를 하러 들어간 사이에, 아직 온기가 남아 있는 시트를 눈을 동그랗게 뜨고 조사한다……. 이런 꼴불견을 연출하는 사람은 아마 없을 것으로 믿는다.

　본래 처음 태어날 때부터 처녀막을 가지지 않은 여성도 있고, 격렬한 운동으로 처녀막이 파열되는 경우도 있다. 게다가 경험이 풍부한 여성에게도 처녀막 재생수술이라는 비장의 카드가 있다. 그러므로 처녀막의 유무로 처녀인가 아닌가를 구분하는 것은 어리석은 일이다.

　그러면 처녀인지 아닌지는 그녀의 말을 믿는 도리 외엔 없을까? 그것은 아니다. 하나의 방법이 있다. 혈액 속의 항체를 조사하면 된다. 정액이 여성의 체내에 들어가면 여성의 혈액에 정자에 대한 항체가 만들어진다. 이 항체는 소멸되지 않기 때문에 이 항체의 유무를 조사하면 판별이 가능하다.

그렇지만 이 방법도 허점이 있다. 키스나 수혈만으로 항체가 생겨버리는 경우도 있고 정액이 체내에 들어가지 않고 관계를 맺을 수 있는 방법도 있다. 즉, 콘돔을 사용하면 100번이나 심지어 1,000번의 섹스를 해도 항체는 생기지 않는다.

따라서 지금 현재로서 완벽한 처녀 판별법은 없다고 말할 수 있다. 특히나 이 개방적인 시대에 처녀라든가 비처녀라는 구분이 옛날처럼 그다지 큰 의미는 없을 것이다. 보다 소중히 생각해야 할 것은 바로 정신적인 순결이 아닐까?

사정되지 않은 정자는 어디에 숨어 있을까

　　남자의 경우 체내에서 만들어진 정자는 여성의 질 내에 사정되어 남자의 숙원을 이루거나, 자위행위나 몽정과 같은 방법으로 체외로 방출되기도 한다. 하지만 발기불능이 되거나 정관수술을 하게 되면 정자가 만들어져도 사정을 할 수 없으므로 체외로 나가지 못한다.

　　정관수술은 정자가 이동하는 수정관을 자르거나 묶는 수술을 말한다. 이렇게 정자가 배출되지 못하고 계속 고이면 문제가 생기지 않을까? 정관수술을 하면 그 후에 만들어진 정자들은 혼란에 빠지게 된다. 그리고 이 정보는 고환이나 부고환에 전달된다. 이 정보를 받은 때부터 정자가 만들어지지 않는다. 신기한 일이 아닐 수 없다. 이렇게 정자는 만들어지지 않지만 사정의 즐거움은 계속 누릴 수 있으며 사정되는 정액은 전립선액으로 이루어져 있다.

　　그런데 정자는 계속 만들어지는 데 배출이 되지 않으면 어떻게 될까? 흔히 소변에 섞여 밖으로 배출된다고 생각하는 사람도 있지만 이는 사실과 다르다. 정자는 체내에서 만들어지기 때문에 계속 몸 안에 쌓이게 되면 자연스럽게 체내에 흡수된다.

정자는 유전정보로 가득 찬 머리, 에너지 창고인 미토콘드리아, 미토콘드리아의 에너지를 사용하며 움직이는 꼬리로 이루어져 있다. 에너지 손실을 막기 위한 최소한의 기관만으로 구성되어 있는 것이다. 정자는 사정 후 약 35분이 지나면 에너지가 다해 힘이 없어진다.

콘돔은 언제 만들어졌나

콘돔은 피임분야에서는 획기적인 발명품으로 처음에는 매독을 막기 위해 사용되었다. 수은용액으로 푹 적신 천이 콘돔처럼 사용되었지만 자주 터졌기 때문에 18세기경에 양 등의 맹장을 이용한 것이 최초의 콘돔다운 콘돔이라고 할 수 있다. 이 시기에는 물고기의 방광을 이용한 것이 나오기도 했다. 최근 사용되는 콘돔은 라텍스고무로 만들어진 것이다.

성생활이 문란하면 임신할 수 없는 걸까

불가사의한 일이긴 하지만 옛날 기생들이 아이를 낳았다는 이야기는 매우 드물다. 여기에는 '정자면역'이라는 설이 있다. 불특정한 다수의 남성의 정자를 받아들인 여성은 신체 내에 정자에 대한 면역이 생기게 되고 임신이 어려워진다는 말이다.

너무나 많은 정자들의 '러브 콜'에 난자가 식상해서 "흥, 너희들은 꼴도 보기 싫어"라는 말을 한다는 이야기인데, 과연 그럴까?

의학적으로는 여러 남자와 성관계를 가져도 임신은 충분히 가능하다. 다만 과거의 기생들은 아이를 갖지 않기 위해 여러 가지 방법을 동원했기 때문에 피임이 가능했던 것이다. 게다가 이들은 이 방면에는 프로라고 할 수 있어서 종이를 마치 링처럼 꼬아서 자궁 속에 넣기도 하고 자궁 입구를 닫는 페서리(pessary; 자궁의 위치를 고정하거나 피임을 위해 쓰이는 도구)를 사용하는 등 일반인에게는 그리 알려지지 않은 방법도 사용했다. 따라서 일반 여성이 '정자면역'이란 일반 속설을 믿는 것은 위험천만한 일이다.

결국 육체적으로 결함이 없는 여성이 피임도 하지 않고 단지 많은 남성과 접함으로써 임신을 하지 않는다는 것은 있을 수 없는 일이다.

한 번에 여러 남자와 관계를 맺으면 임신이 어렵다는 말을 하는 사람도 있다. 즉, 정자가 길을 찾아가다가 다른 종류의 정자를 만나면 서로 충돌이 일어나기 때문에 나중에 난자가 있는 곳에 도달했을 때는 난자와 결합될 만큼 충분한 힘이 남아 있지 않다는 이야기다. 농담이 아니라 이런 생각을 하는 여성도 있었다. 그러나 아무리 다른 남성의 정자와 마주친다 하더라도 그들은 서로 싸우지는 않는다. 그것은 마치 100m 달리기에서 온갖 힘을 다해 골인지점을 향해 달리는 것과 같다. 이들은 1등을 하기 위해 달릴 뿐 상대와 치고받지는 않는다.

피임약을 먹거나 콘돔을 해도 완벽한 것은 아니다. 가끔씩 신은 임신이라는 시련을 내리기도 한다. 딱 한 번의 관계가 임신으로 이어지는 경우도 많다. 그러나 무엇보다도 복잡한 성관계를 갖는 것은 당사자에게 정신적으로나 육체적으로나 도움이 되는 일은 아닐 것이다.

여성이 배란하는 난자는 언제 만들어질까

여성의 생리가 시작되는 것은 대부분 10대 초반이다. 그리고 폐경기까지 약 30~40년 가까이 약 400~500개의 배란이 이루어진다.

그런데 이 난자는 언제 만들어질까? 매달 생리가 끝나고 새로운 난자가 만들어지는 것으로 생각하기 쉽다. 여성들 중에도 이렇게 생각하는 경우가 의외로 많다. 정확하게 말하긴 힘들지만 태어나기 전, 즉 엄마 뱃속에 있을 때부터 난자는 만들어지고 있다. 모습도 채 완전히 갖추어지지 않은 수정 후 3주째 되는 날, 난자와 정자의 기초가 되는 세포가 모습을 보인다고 한다.

이 생식세포는 수정 후 6주째부터 남자 아이라면 정자, 여자 아이라면 난자로 분화되기 시작한다. 정자의 경우는 태아 때 1회 분열만 하고 동면에 들어간다. 그리고 사춘기가 되면 분열을 반복해 완성된다. 하지만 난자는 세포분열을 거듭해

수정 후 20주째가 되면 700만 개의 난자의 기초가 성장한다. 그리고 태어날 때는 100만 개, 사춘기에는 40만 개로 계속 줄어든다. 일생 동안 이 중에서 선택된 400~500개의 난자만이 성숙해서 배란된다. 하나의 생명이 만들어지고 있는 그 순간에 다음 세대의 생명을 위한 준비가 진행되는 셈이다.

호르몬의 분비가 정상일 경우 생리 전에는 프로게스테론이 상승하고 생리 후에는 에스트로겐이 상승한다. 그래서 생리 전에는 프로게스테론의 영향으로 평소보다 체온이 올라가기 때문에 피부 트러블이 발생하기 쉽다. 또 생리 전에는 호르몬의 양이 급격하게 변함에 따라 복통, 요통뿐만 아니라 두통도 생길 수 있다. 그리고 생리 후에는 에스트로겐이 피부의 수분이나 탄력을 유지하는 기능을 해서 피부 상태가 한 달 중 가장 좋아진다.

사정 직전에 성기를 빼내면 피임이 될까?
피임이 되지 않는다. 사정하기 전에도 남성의 성기에는 몇 방울의 분비물이 있다. 한 방울에는 약 5만 개의 정자가 있다. 한 방울이라도 여성의 자궁에 들어가면 임신은 충분히 일어날 수 있다. 물론 그대로 사정하는 것보다는 임신의 확률을 낮출 순 있다. 그렇지만 이런 방법은 성적 쾌감을 급속도로 저하시킨다는 면에서도 그리 권장할 만한 일은 아니다.

남성이 섹스에서 보다 만족감을 느낄 때는 성숙한 여인의 섹스 기술을 만끽할 때일 것이다. 처녀가 기술이 미숙한 것은 불문가지의 사실이다. 그런데 왜 남성들은 이른바 '영계'라고 불리는 '처녀'를 동경하는 경향이 있을까? 그것은 그 여성의 '첫 번째 남자'가 되려는 비틀어진 욕망 때문일 것이다. 이른바 남성 특유의 정복감이다.

19세기 중반부터 런던에서는 처녀매매가 유행했다. 당시 영국신사들의 섹스생활에 대해 쓰인 『나의 비밀생활』이라는 책이 있는데, 여기에는 처녀를 상대로 한 기록이 여러 차례 등장한다.

또한 이때의 런던 사창가 광고에는 '미경험'이라든가 '진짜 확실한 처녀'라는 표현이 많이 등장한다. 얼마나 남성들이 처녀를 바라는가를 잘 보여주는 예라고 하겠다.

그러나 영국신사가 처녀를 밝혔다는 것도 상대가 있어야 성

립되는 말이다. 당시 소녀들의 성도덕은 처녀성에 그다지 중요한 가치를 두지 않을 정도로 낮은 수준이었을까?

　그런 것은 물론 아니다. 교활한 영국 매춘 알선업자의 농간이 여기에서 작용한 것이다. 그들은 빈민굴이나 웨스트민스터 공원과 같은 장소에서 목사처럼 검은 옷을 입고 돌아다녔다. 가족들을 안심시키고 어린 아가씨를 데리고 나오는 데 성공하면 온갖 호의를 베풀어 아가씨의 마음을 사로잡은 뒤 새로운 집에서 묵도록 한다. 그리고 그 집에 많은 돈을 지불한 손님을 끌어들인다. 그 뒤는 설명할 필요도 없을 것이다.

　다만 영국신사는 오로지 정복욕을 채우기 위해서만 처녀를 노렸던 것은 아닌 것 같다. 당시 런던은 성병이 만연되어 있어 처녀라면 안심하고 몸을 살 수도 있을 것이라고 생각한 것이다. 성병과 관련된 또 하나의 이유가 있다. 자신이 성병을 가지고 있어도 처녀와 관계를 맺으면 성병이 상대에게 옮아가고 자신은 치료된다는 잘못된 소문이 유포되어 있었다는 사실이다.

이처럼 여성을 성병의, 혹은 정액의 배출구로만 생각하고 있었다는 것인데 도저히 허락될 수 없는 방종의 극치라고 할 수 있다. 과연 누가 영국신사란 이름을 붙였는지 궁금할 따름이다.

처녀막은 보통 신비한 것, 신성한 것이라는 생각을 가진 사람들이 대부분이다. 여성의 순결을 상징하는 처녀막은 단순히 여인의 처녀성을 증명하기 위해서만 존재하는 것일까? 과연 처녀막은 무엇 때문에 있는 것일까?

우선 처녀막에 대한 과학적인 정의를 보면 처녀의 질구에 있는 반달모양의 점막으로 된 주름을 말한다. 겉피부와 가는 결합조직 섬유로 되어 있으며 혈관도 있다. 파열된 후에 남는 것을 처녀막흔이라고 한다.

갓난아기에게는 처녀막이 없다. 처녀막이 처음으로 형체를 드러내는 것은 태어나고서 약 3개월 가량이 지나서다. 과거에는 처녀막에 대한 여러 가지 속설이 난무했다.

◆ 소변이 질로 흐르는 것을 막기 위해
◆ 음모가 자라기 전에 나쁜 균이 들어오지 못하도록 하기 위해

◆ 어떤 체위로 섹스를 하더라도 질에 빈틈을 만들지 않기 위해

◆ 어렸을 때 성경험을 하게 되면 자궁을 상하기 쉬우므로 남성의 성기가 들어오는 것을 막기 위해

◆ 처녀막을 뚫을 수 없는 어리거나 약한 남자, 혹은 노인의 성기가 질 내에 침입하는 것을 막기 위해. 이는 약한 자손을 만들지 않도록 자연도태의 원리가 작용하고 있다.

모두 그럴 듯하고 재미있는 이야기다. 그렇지만 기본적으로 처녀막에 뭔가 특별한 기능이 있는 것은 아니다. 있거나 없거나 별다른 문제가 생기지 않는다. 어쩌면 없는 편이 좋을지도 모른다. 괜히 처녀막이란 것이 있어서 처녀막의 유무가 결혼을 좌우하는 조건이 되기도 하고 남녀 간의 불화를 초래하기도 한다. 과학이 발달된 요즘은 결혼을 앞둔 여성들이 처녀막을 재생할까 말까 하고 고민하는 일도 생겼다.

세계 역사를 살펴보면 처녀막이 철저하게 보존되어진 어린 여성보다는 어느 정도 경험을 쌓은 30세 가량의 여성이 각광을 받던 시대도 있었다. 그러니 처녀막을 가지고 새삼 문제 삼거나 고민하는 것은 일종의 정력낭비가 아닐까?

잠자는 동안 남자의 발기와 같은 현상이 여자에게도 일어날까

남성 성기에 해당하는 여성의 클리토리스(음핵)는 남성의 그것처럼 돌출되어 있지 않기 때문에 조사하기가 매우 까다롭다. 그러나 사람의 호기심은 끝을 모르는 법이다. '남자가 발기한다면 여성도 그런 현상이 나타나는 것 아닐까?'

결국 이 의문에 대한 대답은 선천성 부신비대증이라는 병에 의해 클리토리스가 커진 두 사람의 부인에게서 찾아야만 했다. 이 부인들을 각각 3일 이상 조사한 결과 여성들의 음핵이 발기하는 회수나 주기가 건강한 남성들의 그것과 똑같다는 결과가 나왔다. 즉, 여성도 남성과 마찬가지로 렘(REM) 수면 동안 발기를 한다는 것이다.

또 다른 조사를 통해 여성의 질벽에 흐르는 혈류량을 측정했다. 여성에게 성적 흥분이 유발될 수 있는 일을 생각하게 하거나 야한 소설을 읽도록 했을 때 여성의 질벽에 흐르는 혈류량이 증가하는 것을 발견했다. 반대로 흥분이 가라앉았을 때는 혈류량도 감소했다. 이를 토대로 여성의 렘(REM) 수면 시 혈류량의 변화를 측정했더니 역시 증가한 것으로 나타났다. 그러나 이 조사는 그 후 다른 조사들이 추가적으로 진행되지 않았기 때문에 확언할 수는 없다. 어쨌든 현재까지의 결과는 여성도 잠자는 동안 발기를 하고 있다는 사실을 보여준다.

많은 인체의 신비가 벗겨지고 있다. 그러나 아직도 많은 인체의 비밀이 밝혀지기를 기다리고 있다. 아마 어떤 것은 미지의 상태로 남아 있는 것이 사람들로서는 보다 에로틱하고 긍정적인 효과를 낳을 수도 있을지 모르지만……

남자의 코 크기는 정말 정력에 비례할까

인간의 몸에서 가장 튀어나온 곳은 코와 성기다. 그래서 우리는 코가 큰 사람은 성기도 크다고 믿어 왔다. 과학적으로 그런 믿음은 근거가 있을까? 그리고 서양인들은 그것에 대해 어떻게 생각하고 있을까?

고대 로마에는 '로마의 코(Roman Nose)'라는 말이 있었다. 로마인들은 남자의 코 길이가 그의 정력을 말해준다고 생각했다. 그래서 그들 사이에서 '로마의 코'는 특별한 찬사였다. 또한 그들은 성범죄에 대한 처벌로서 상징적인 의미로 코를 자르기도 했다.

고대로부터 서양에서는 억세고 우뚝한 코가 그들의 남성다움을 드높이는 효과적인 신체부위였다. 중요한 인물이 되려면 일단 코가 커야 했다. 나폴레옹은 이렇게 단언했다.

'코가 푸짐한 사람을 내게 데려 오시오. 나는 다른 결함이 없을 경우 언제나 코가 길다란 사람을 선택하고 있소.'

　서양이나 동양이나 코와 성기의 크기, 정력의 크기를 비교하는 것은 공통적이다. 그러나 어떤 과학적 근거가 발견된 일은 없다. 오히려 키가 작은 피그미족은 코도 크지 않고 키도 작지만 거대한 성기를 가지고 있는 일이 종종 있다.

　오늘날 지나치게 큰 코는 별로 환영받지 못한다. 특히 여성은 지나치게 큰 남자의 코가 위협적이라고 생각하는 듯하다. 이제는 죽었지만 예전에 미국 팝계의 스타 마이클 잭슨도 이런 추세를 받아들여 그의 넓고 큰 코를 낮추었다. 여성들은 이제 더 이상 남자의 큰 코를 원하지 않는 모양이다.

갓난아기도 자고 일어나면 발기를 할까

아침마다 자신의 정력을 확인하는 절차가 기다리고 있다는 것은 가끔씩은 불유쾌해지는 일이다. 어느 날 '아! 나도 이제 늙었구나!' 하고 깨닫는다는 것은 밤새워 마신 술을 아침 내내 되새기며 속 쓰려 하는 일이다.

그러면 아침 정기행사인 성기의 발기는 정말 정력의 표상인가? 그렇다면 아직 정자의 생산능력이 없는 사람들, 특히 갓난아기는 발기를 하지 않을까?

잠을 자고 있는 동안 성기가 발기하는 현상을 관찰하기 시작한 것은 불과 40년 전이다. 물론 수천 년 동안 인류는 그 사실을 알고 있었다. 그러나 그동안 아무도 다른 사람의 발기현상을 조사하지는 않았다.

그 최초의 보고서에는 발기가 85분마다 한 번씩 일어나며 그때마다 평균 25분씩 계속된다고 되어 있다. 즉, 아침에 깨어날 때만 발기하는 것이 아니라 밤새도록 일정한 주기를 통해 발기했다가 줄어들고 발기했다가 줄어들곤 한다는 사실이다.

좀 더 상세한 그 후의 연구결과를 보면 성기의 발기는 사람이 꿈을 꾸는 수면단계인 REM(Rapid Eye movement)수면에 들어가기 2분 30초 전에 시작하며, 최대로 커지는 것은 REM수면이 시작되고 5분 24초가 지난 후이며, REM수면이 끝나기 40초 전에 사그라지기 시작해 본모습을 되찾는 것은 수면이 끝난 후 12분 24초가 경과된 때다. 그러므로 만약에 꿈을 꾸고 12분 이상 지난 후 깨어난다면 성기는 발기하지 않은 상태이고 우리의 무지는 그것을 정력의 쇠퇴로 성급한 판단을 내리게 된다. 이러한 결과는 71세에서 80세의 노인들을 조사했을 때 다시 확인됐는데 그들은 청년들과 전혀 다름없이 발기를 했던 것이다. 이 결과만을 놓고 보면 잠자고 일어났을 때의 발기는 정력의 상징이 아니라 인간의 생체시계가 작동하고 있다는 표시일 뿐이다.

조사는 다시 생후 3개월 된 아기를 연구대상으로 삼았다. 그리고 그 결과는 갓난아기에게서도 발기현상이 일어난다는 것을 보여준다. 이것은 벌거벗은 여자를 보아도 전혀 성충동을 느끼지 않는 노인들에게서 발기가 있다는 점과 더불어 아침의 성기발기가 정력과는 상관없이 인간의 수면, 그 중에서 REM수면과 관계가 있다는 것을 말해주고 있다. 아이들도 그리고 노인들도 꿈을 꿀 수 있는 한 발기는 계속되는 것이다.

결혼반지는 왜 왼쪽 넷째 손가락에 끼는가

넷째 손가락을 약지라고 부른다. 그것은 2,000년도 더 된 서양의 전통에서 나왔다. 그들은 넷째 손가락에 심장으로 직접 이어지는 신경이 있다고 믿었다. 때문에 그들은 어떤 혼합물을 저을 때에도 넷째 손가락을 사용했는데 독성이 있는 약제는 넷째 손가락을 통해 심장에 어떤 경고를 보낼 것이라고 믿었기 때문이다.

여성들이 들으면 기분 좋지 않겠지만 왼손 넷째 손가락에 결혼반지를 끼는 의식은 독립의 포기와 순종의 의미를 갖고 있다.

원래 넷째 손가락은 구조상 모든 손가락 중에 가장 독립성이 적다. 주먹을 쥔 상태에서 실험을 해보라. 다른 손가락은 잘 펴지지만 넷째 손가락만은 홀로서기가 무척이나 힘들고 펴진다 해도 완벽하게 펴지지 않는다. 만약 넷째 손가락 양쪽의 다른 손가락과 함께 편다면 문제가 없지만, 약지만으로 그

동작을 하기에는 너무 허약하다는 느낌을 준다.

넷째 손가락의 이 비독립성을 여성에게 강요하는 의식이 바로 결혼반지를 약지에 끼는 행위였다. 왼손을 사용하게 된 것은 이 손이 오른손보다 사용빈도가 덜하기 때문이기도 하지만 더 중요한 의미는 왼손이 오른손에 비해 보다 연약하고 순종적이어서 아내의 종속적인 역할에 적합하다는 생각에 근거를 두고 있다.

그런데 여성의 사회진출은 물론 경제적 독립이 얼마든지 가능해진 오늘날에도 이런 풍습이 계속되고 있는 이유는 무얼까?

성 정체성 혼란은 왜 생길까?

인간은 남성이나 여성 어느 하나로 출생하는 것만이 아니라 여성도 남성도 아닌 중성 또는 양성을 가진 형태로도 출생한다는 것이 과학적으로 규명되고 있다. 그 빈도는 인구 1만 명에 1명 정도이므로, 우리나라에 이것을 그대로 적용하면 약 5,000여 명의 중성인구가 있으리라고 추측할 수 있다.

아기가 남자로 태어날지 여자로 태어날지는 수정할 때에 난자가 X염색체를 가진 정자와 수정했는가, Y염색체를 가진 정자와 수정하는가에 달려 있다. 그러나 아무리 Y염색체를 가진 정자와 수정했다고 해도 그것만으로 반드시 남자 아이가 태어나리란 보장은 없다.

Y염색체가 된 유전자가 HY항원을 형성해 고환을 만들고, 이곳에서 분비되는 테스토스테론이 뇌나 성기를 남성화시킨다. 그런데 이 과정이 정상적으로 이루어지지 못하면 남성으로 성분화가 이루어지지 않는다. 실제로 염색체는 XY인데 여

성생식기를 갖추고 태어나는 경우도 있다. 또한 수정 후 3개월쯤 되어 뇌의 성별이 결정되는 시기에 산모가 분비하는 여성호르몬의 영향으로 남성호르몬이 적어지면 남자이면서도 여성의 뇌를 갖게 된다. 이런 경우 출생해서 외견상은 완전히 남자인데 행동은 여성적으로 될 수 있는 것이다. 이른바 선천성 호모가 되는 셈이다.

이처럼 생리적으로 남녀의 구분이 모호한 경우가 있다. 성전환 수술은 바로 이러한 중성 또는 양성 보유의 사람이 보다 가까운 성 쪽으로 수술을 받는 행위이다. 우리나라에서도 상당수의 성전환 수술이 성공했다고 한다.

더욱 즐거운 지적 탐험을 위한 페이지

독수리가 대머리인 이유는?

독수리는 시체의 살 속에 머리를 넣고 식사를 하기 때문에 대머리라는 점이 편리함을 제공한다. 그러나 식사를 위해서만 대머리가 된 것은 아닌 것 같다. 식생활이 다른 타조나 따오기, 잉꼬 등도 대머리이기 때문이다. 독수리의 대머리에는 혈관이 밀집되어 있어 체열을 방출하기 쉽게 되어 있다. 즉, 더운 지방에서 체온조절을 효과적으로 할 수 있다.

왜 나만 힘들까?

데이비드 헤밀턴 박사는 다음과 같은 실험을 했다. 피험자들에게 150g인 상자와 750g인 상자를 차례로 들어 올리면서 다른 피험자가 들어 올린 상자의 무게를 맞춰보라고 했다. 피험자들은 150g인 상자를 들었을 때는 다른 피험자들이 들고 있는 상자가 더 무거울 것이라고 했다. 반대로 750g인 상자를 들었을 때는 다른 피험자들의 상자가 더 가벼울 것이라고 했다. 이는 고생을 할 때는 내가 제일 많이 하는 것 같고, 대가를 받을 때는 내가 제일 적게 받는 것 같은 사람들의 마음을 보여주는 실험이라고 할 수 있다. 누구나 남이 하는 일은 쉬워 보이고 자신이 하는 일은 힘들며, 남이 가진 것은 좋아 보이고 자신이 가진 것은 별것 아닌 것처럼 보인다.

우리는 옛날 사람들보다 더 똑똑해졌을까?

조사에 의하면 1950년 이후 미국 아이들의 IQ 지수는 10년에 3점씩 계속 상승되었다고 한다. 뉴질랜드 오타고대학의 제임스 플린 또한 우연히 20세기 초부터 IQ 지수가 지속적으로 상승하고 있음을 발견했다. 그런데 플린은 이 조사 결과를 자세히 분석한 뒤 실제로 상승한 것은 시각 정보를 처리하는 능력이라는 것을 알아내게 되었다. 오히려 언어 능력은 점점 낮아지고 있었다. 그는 이와 같은 결과가 나온 이유로 지능이 쓰이는 환경 조건이 다르다는 것과 점점 시각 정보가 중요해지게 되었다는 것을 들었다. 세상의 환경이 변화하면서 발달하는 지능도 퇴화하는 지능도 있는 것이다.

많은 사람을 속이는 가장 쉬운 방법은 무엇일까?

주가가 오를지 내릴지 예측하는 메일을 10만 명에게 보낸다. 물론 5만 명에게는 한 달 뒤 주가가 오른다고 보내고, 나머지 5만 명에게는 내린다고 보낸다. 한 달 뒤 주가가 오르거나 떨어진다. 그러면 오만 명에게 보낸 예측은 정확해졌다. 다시 그 오만 명 중 2만5천 명에게는 한 달 뒤 주가가 오른다고, 나머지 2만5천 명에게는 한 달 뒤 주가가 내릴 것이라는 메일을 보낸다. 한 달이 지나면 2만5천 명이 정확한 조언을 받은 셈이다. 이렇게 10개월이 지나면 100명이 남고 이 100명은 이제 어떤 예측을 제시해도 믿게 된다.

사람들이 가장 좋아하는 색은 무슨 색일까?

1996년 일본 와세다대학교의 사이토 미호코 교수는 대학생 586명을 대상으로 실험을 했다. 첫 번째 실험에서는 피험자들에게 가장 좋아하는 색깔을 말하도록 했고, 두 번째 실험에서는 가장 좋아하는 숫자를 말하도록 했다. 실험 결과 피험자 중 33.5퍼센트가 푸른색을 좋아한다고 말했으며, 26퍼센트가 빨간색을 좋아한다고 대답했다. 숫자 중에서는 22.5퍼센트가 7을 가장 좋아한다고 대답했다. 영국에서 있었던 실험에서도 실험에 참가한 사람들 중 압도적인 숫자가 푸른색을 좋아한다고 대답했다. 이외의 다른 행동과학자들이 행인들을 대상으로 한 무작위 실험에서도 대다수가 푸른색과 7을 선택했다. 푸른색은 집중력을 높이고 마음을 진정시켜주기 때문에 많은 사무실이 실내의 인테리어에 푸른색을 이용하고 있다.

초식동물은 옻나무에서 자거나 옻나무를 먹어도 옻에 걸리지 않을까?

전혀 걸리지 않는다고는 할 수 없다. 그러나 대부분은 두꺼운 털과 피부 때문에 옻이 오르지 않고 자체에 면역성이 갖춰져 있다. 혹 옻에 걸린다고 해도 털과 가죽 때문에 관찰할 수 없다.

3장

이런 의문을 품어본 적이 있습니까?

우리의 생활에는 수많은 의문이 살아 숨 쉬고 있습니다. 항상 접하는 것이라 할지라도 언제나 새로운 눈을 가지고 보면 새로운 것이 발견됩니다. 이것은 우리들의 사고와 상상력의 지평을 넓혀주는 동시에 우리들이 잊고 살기 쉬운 삶에 대한 진지한 탐험정신과 순수한 지적 쾌락을 가져다줍니다.

우리가 알고 있다고 생각했던 것이 얼마나 단편적인 것이고 잘못된 것인지를 알아봅시다. 우리가 살아가면서 흔히 만나거나 생각하는 것들과 관련된 문제들입니다. 여러분의 상상력 지수가 얼마나 되는지 스스로 확인해 보십시오. 총 25문제입니다. 한 문제당 4점씩 계산해서 100점 만점입니다.

자, 이제 의문여행을 떠나 봅시다. 풍부한 상상력을 길러주는 의문이 기다리고 있습니다.

상상력 테스트 지표

♣ 60점 이상(15문제 이상 맞춘 경우)

-풍부한 감성과 지적 호기심으로 충만한 아이디어맨. 천재나 바보 둘 중의 하나. 따라서 반드시 성공한다는 보장은 없습니다. 너무 많이 아는 것도 문제가 될 수 있습니다. 사소한 일에만 눈을 돌리다 보면 진정으로 중요한 것을 잃는 경우도 있지요.

♣ 40점 이상(10문제 이상 맞춘 경우)

-언제나 새로운 것을 찾아나서는 타입. 상상력과 창조성, 그리고 실행력이 뛰어난 사람입니다. 당신이 세상을 살아가는 즐거움을 옆 사람들과 함께 나누기 바랍니다.

♣ 20점 이상(5문제 이상 맞춘 경우)

-상식적인 삶을 살고 있는 타입. 자신의 삶에 대해 지루하게 느끼거나 틀에 박힌 생활만을 반복하고 있는 사람입니다. 보다 적극적으로 세상에 대해 의문을 던질 필요가 있습니다.

♣ 20점 미만(4문제 이하로 맞춘 경우)

-자신의 삶을 완전히 바꾸려는 혁명적인 결단이 필요합니다. 더 이상 말이 필요 없겠죠?

P.S : 점수를 매기는 방법은 자유입니다. 이유와 내용은 몰랐지만 어쨌든 어림짐작으로 찍은 번호가 똑같은 모양을 가졌다고 해서 자신이 답을 맞춘 것으로 착각해도 자유입니다. 찍더라도 나름대로 상상력을 발휘해 그 이유를 제시한다면 훌륭한 자세입니다. 그러나 단순히 찍기만 하고 그 결과물을 점수로 환산한 사람은 위에 있는 상상력 테스트 지표에 대해 해당사항이 없는 사람입니다. 물론 그 이유야 다 알고 계시겠죠? 안다고 해서 다 아는 게 아닙니다!

의문의 답은 그 다음 의문 마지막 페이지에 있습니다.

충치의 원인이 되는 세균은 다른 사람에게 전염될까?

　　1) 전염된다.
　　2) 전염되지 않는다.
　　3) 아직 해명되지 않았다.

　충치가 만들어지는 과정을 간단하게 짚어보자. 먼저 '스트렙토코쿠스 뮤턴스'라는 세균이 당을 분해하고 글루간과 레반이라는 물질을 형성한다. 레반은 물에 쉽게 용해되기 때문에 이(齒)에 쌓일 염려는 없지만 글루간은 잡균과 섞여 치석이 된다. 치석은 잘 알려져 있는 것처럼 유산발효 세균의 온상이다. 산은 이의 에나멜질을 서서히 용해시켜 간다. 그리고 그것을 알아차렸을 때는 이미 이에 구멍이 나 있다.

　전염되는 것은 충치의 원흉인 '스트렙토코쿠스 뮤턴스'이다. 이 세균은 갓 태어난 아기에게는 없지만 부모나 의사, 간호사에게서 쉽게 전염될 수 있다. 완벽한 무균상태가 아닌 한

감염은 피할 수 없고 일단 감염되면 끝까지 제거할 수 없다. 우리들은 태어나자마자 곧 '충치의 원흉'을 선물받게 되는 셈이다. 충치예방을 할 수 있는 길은 치석을 없앨 수 있도록 오로지 이를 열심히 닦는 수밖에 없다.

답: 1) 접근한다(의문 25의 답)

다음 중 아프지도 가렵지도 않은 곳은?

    1) 뇌

    2) 맹장의 윗부분

    3) 눈의 안쪽

통증과 쾌감을 느끼는 것은 신경을 통해 자극을 받았다고 하는 신호가 뇌에 전달되었기 때문이다. 몸에 길게 뻗쳐 있는 신경계는 뇌로 모인다. 뇌는 결국 모든 신경의 발착점이자 전 신경의 중추인 셈이다.

그러므로 뇌가 통증을 느끼기 쉬울 것이라고 상상할 수도 있지만 실은 뇌 자체는 아무것도 느끼지 못한다. 감각을 인지 하는 기능만 가지고 있을 뿐 통감(痛感)은 없다.

즉 뇌 외과 수술을 할 때 머리 피부와 살을 절개할 때의 고 통만 견뎌낸다면 마취할 필요가 없다는 말도 된다. 실제로 마 취기술이 있었는지 아닌지 의심스러운 잉카제국에서도 뇌 외과 수술이 행해졌었다. 수술을 받은 흔적이 있는 두개골이 유적지에서 발견된 것이다. 뇌는 고통을 느끼지 않는다는 사실을 잉카인도 알고 있었던 것일까?

답: 1) 전염된다(의문 1의 답)

다섯 손톱 가운데 가장 잘 자라는 것은 어느 것일까?

　　1) 엄지
　　2) 검지
　　3) 중지
　　4) 약지
　　5) 소지

　길게 기른 손톱으로 자신의 손톱 밑 부분을 눌러보면 알 수 있겠지만 손톱이 덮고 있는 피부는 매우 연약한 곳이다. 매우 약하고 아주 작은 자극도 민감하게 느낀다. 손톱이 빠져나가면 그 아픔은 말할 수 없을 정도다. 생손톱을 뽑는 고문이 있을 정도다.

　손톱이 손끝의 피부를 보호하기 위한 것이라고 말해도 틀린 것은 아니지만 정답은 아니다. 손톱의 진정한 역할은 손끝을 견고하게 해서 손으로 하는 여러 가지 작업을 원활하게 하기 위한 것이다. 손톱은 손가락 밖으로 나온 뼈라고 할 수 있다.

　원래 가장 자주 사용하는 손가락의 손톱이 가장 잘 자라는 법이다. 그것은 바로 중지다. 엄지가 더 자주 사용되고 있는 것처럼 느껴지기도 하지만 중지는 다섯 손가락 가운데 가장 길고 여러 물건에 가장 먼저 닿으며 가장 힘을 주기 쉬운 손가락이다. 무거운 것을 들 때도 대체로 중지에 힘을 쏟는 법이다. 그러므로 중지의 손톱이 가장 빨리 자란다. 한번 시험해 보는 것도 재미있는 일이다.

답: 1) 뇌(의문 2의 답)

다음 중 어느 것이 어느 정도 더 길까?

    1) 온몸의 혈관을 연결한 길이
    2) 대장과 소장을 합한 길이

  우리들의 몸에는 대동맥, 대정맥, 모세혈관이 그물망처럼 연결되어 있다. 대동맥은 길이가 약 50cm, 모세혈관 1개가 약 0.5~1mm다. 이것을 전부 연결해보자. 그러면 10만km에 가까운 길이가 된다. 지구를 두 바퀴 반이나 돌 수 있는 상상이 안 가는 놀라운 거리다.

  두께를 살펴보자. 안쪽 지름은 대동맥이 약 2.5cm, 대정맥이 약 3cm, 모세혈관이 약 0.006mm다. 혈관 전부의 무게는 그 사람 체중의 약 3%, 여기를 흐르는 혈액의 양은 체중의 약 8%에 해당한다.

  한편 장의 길이를 보면, 소장이 6~8m, 대장이 약 1.5m다.

합해도 10m가 안 된다. 혈관의 약 1,000만분의 1이다.

답: 3) 중지(의문 3의 답)

지문을 완전히 없애는 것이 가능할까?

1) 할 수 없다.

2) 일시적으로 가능하다.

3) 완전히 없어지며 재생되지 않는다.

지문은 표피의 아래층에 있는 진피에 해당된다. 언뜻 보기에 피부표면에 선이 그려진 것처럼 보이지만 사실은 좀 더 깊숙한 곳에 자리 잡고 뿌리와 견고하게 연결되어 있다.

따라서 일시적으로 없애버릴 수는 있지만 피부가 치료됨과 동시에 그 전과 동일한 지문이 나타난다. 지문이 없어진 것처럼 보여도 지문 가운데 가장 민감한 부분인 신경은 여전히 아래와 연결되어 있다. 따라서 지문이 재생되지 않으면 끝없이 진피에 충격을 가하게 된다.

지문은 엄마의 뱃속에서 대개 3개월쯤 자란 후에 형성된다. 그리고 죽을 때까지 변하지 않는다. 태어날 때부터 지문이 없는 사람도 극히 희귀하게 발견되긴 하지만 그런 경우도 지문다운 지문이 없다는 것일 뿐, 점처럼 매우 짧은 선이 흩어져 있다.

답: 1) 혈관을 연결한 길이가 약 1,000만 배 더 길다

(의문 4의 답)

다음 중 감기에 가장 걸리기 힘든 곳은?

 1) 적도 바로 밑의 마을
 2) 온대의 산 속 마을
 3) 남극

　가장 추운 남극이 감기에 가장 걸리기 쉽다고 생각한다면 그것은 대단한 오산이다. 사람이 거의 없는 남극에서는 오히려 감기에 걸리기 어렵다.

　이것은 감기의 원인이 무엇인지 곰곰이 생각해보면 금방 알 수 있다. 감기는 바이러스가 몸에 들어와서 일으키는 병이다. 추우면 감기에 걸린다고 생각하기 쉽지만 추위가 감기의 직접적인 원인은 아니다. 목욕 후의 한기도 마찬가지다. 체열을 뺏긴다든가 건조해져서 저항력이 약해진 후 바이러스가 들어오게 되면 감기에 걸린다. 그 증거로 여름에도 감기에 걸리는 경우가 많다.

남극의 월동대원은 평소에는 감기에 걸리지 않는다고 한다. 이유는 간단하다. 감기 바이러스가 남극까지는 가지 않기 때문이다. 다만 다른 지역에서 비행기 등을 통해 감기 바이러스가 옮겨져 오는 경우는 있다. 이때는 남극에서도 감기에 걸릴 가능성이 있다.

답: 2) 일시적으로 가능하다(의문 5의 답)

목욕탕에서 나온 후 어떻게 하면 좋을까?

> 1) 땀을 닦고 아무것도 걸치지 않는 것이 좋다.
> 2) 땀을 닦지 않고 그대로 말리는 것이 좋다.
> 3) 수건으로 닦은 후, 수건을 두르고 있는 것이 좋다.

이 문제의 열쇠는 기화열과 열전도율에 있다. 수분이 증발할 때는 기화열을 빼앗긴다. 벌거벗은 몸이 차가운 것은 바로 이 때문이며 땀을 닦지 않고 그대로 두면 많은 열을 기화열로 빼앗긴다. 또한 물의 열전도율은 공기에 비해 25배나 크다. 습기 찬 수건을 몸에 두르고 있으면 몸의 열이 간단하게 수건에 흡수되어 버린다.

목욕탕에서 나오면 평소보다 많은 땀이 나오고 몸이 축축해진 상태가 일정한 시간 동안 계속되어 기화열을 점점 뺏기게 된다. 또한 몸을 닦은 후의 습기 찬 수건을 몸에 두르고 있으면 체열을 수건에게 빼앗길 뿐 아니라 수건의 기화열로 인해 몸이 차가워진다. 곧바로 가운을 입지 않는 것이 좋은 것도 바로 이 이유 때문이다. 예를 들어 면으로 된 파자마의 경우 땀을 흡수해 축축해진 것은 건조할 때와 비교해 약 1.7배 정도 체열을 빼앗기기 쉽다. 그러므로 목욕탕에서 나왔을 때는 땀을 꼼꼼하게 닦고 땀이 다 나오기를 기다렸다가 옷을 입는 편이 좋다.

답: 3) 남극(의문 6의 답)

잘 때 자세가 몸 상태를 나타낸다. 몸 상태가 가장 좋은 자세는?

1) '大' 자 모양
2) 태아처럼 둥근 경우
3) 팔을 몸에 붙인 시체 모양의 자세

하늘을 향해 얼굴을 똑바로 하고 양발은 어깨 폭만큼 벌리고 양손은 몸에 가볍게 붙인다. 요가에서 말하는 '시체의 포즈'와 같은 이 자세는 본래 인간의 가장 편안한 자세다. 그러나 이 자세를 취하면 역으로 나른함을 느끼기도 하고 곧 자세를 바꾸고 싶어진다. 이대로 잠이 들어도 대체로 깨어날 때 보면 달라진 자세를 발견하게 된다. 몸 상태가 완전하지 않다는 증거다. 이처럼 어느 틈엔가 무의식적으로 취하고 있는 자세로부터 몸 상태를 체크할 수도 있다.

'大'자로 된 사람은 근육피로가 쌓여 있을 가능성이 크다. 몸을 제멋대로 휘저으려는 자세를 취한 것이다. 옆을 향해 몸

을 웅크린 사람은 위장이 나쁜 경우가 대부분이다. 또 아래쪽
에 있는 장기에 뭔가 문제가 있는지도 모른다. 또한 엎드려서
자는 것은 허리를 편안하게 하기 위해 무의식적으로 취하는
경우가 많다. 그렇지만 반대로 허리에 부담을 주게 된다.

답: 1) 땀을 닦고 아무것도 걸치지 않는 것이 좋다

(의문 7의 답)

우주복을 입지 않은 채 우주공간으로 나가면 어떤 일이 생길까?

1) 혈액이 언다.
2) 혈액이 끓어오른다.
3) 코피가 난다.

산에서 밥을 지어본 적이 있는가? 요즘은 산에서 취사가 금지되었기 때문에 실험하기는 힘들지만 높은 곳에서 밥을 지으면 설익은 밥이 되기 쉽다. 이것은 평지보다 비등점이 낮기 때문에 일어나는 현상이다. 평지의 1기압이면 100도에서 끓는 물이 기압이 낮은 높은 산에서는 100도가 되지 않았는데도 끓기 시작한다. 밥을 제대로 하기에는 열이 부족한 상태다.

기압이 낮으면 낮은 만큼 저온에서 끓기 시작하는 것은 수면의 분자 움직임을 제어하지 못하기 때문이다.

우주에서는 이런 현상이 더욱 극단적으로 나타난다. 지상에서 300km 정도 떨어져 있으면 거의 진공상태나 다름없다. 기압이 없는 상태이기 때문에 액체를 끓어오르게 하기 위한 열에너지도 필요없다. 따라서 결과는 혈액과 체액이 순간적으로 끓어오른다.

답: 3) 팔을 몸에 붙인 시체 모양의 자세

(의문 8의 답)

술을 많이 먹은 다음날, 물이 먹고 싶어지는 이유는?

1) 탈수증상을 일으키기 때문에
2) 공복을 느끼는 신경이 자극되어
3) 단지 목의 갈증 때문

   술을 평소보다 많이 먹고 난 다음날 아침에는 물을 마음껏
먹고 싶다는 충동을 강하게 느낀다. 물이 그렇게 사랑스러울

수가 없다. 이것을 일컬어 탈수증상이라고 말하는 사람들이 많이 있지만 실제로는 그렇게 대단한 증상은 아니다. 목의 점막이 건조해져서 물을 먹고 싶을 뿐이다. 원인은 호흡 속에 포함된 알콜 성분이 목의 수분을 증발시키기 때문이다. 문자 그대로 목의 갈증이다.

답: 2) 혈액이 끓어오른다(의문 9의 답)

반론

술(알콜)은 ADH(Antidiuretic Hormone)을 억제하는 작용이 있습니다. 그래서 술을 먹으면 이뇨를 방해하는 홀몬의 분비가 적어져서 소변의 양이 증가하게 됩니다. 특히 ADH는 밤에 분비가 증가해 우리가 정상적으로 잠들면 화장실에 갈 필요가 없는 것입니다. 그러나 술을 먹으면 ADH가 줄어들어 소변량이 증가되므로 체내의 수분이 감소하게 됩니다. 그러면 뇌의 thirsty center(갈증중추)에서 갈증을 느끼게 되어 물을 먹고 싶어지게 되는 것입니다. 그리하여 이 문제의 정답은 〈1) 탈수증상을 일으키기 때문에〉인 것 같습니다.-미국 뉴저지 거주 내과 전문의 이양 우주여행을 오랫동안 하면 어떤 일이 벌어질까?

1) 눈이 나빠진다.
2) 뼈가 약해진다.
3) 충치가 심하게 아프다.

우리 몸에 흡수된 칼슘은 96% 이상이 뼈와 치아를 만드는데 사용되거나 저장된다. 나머지는 혈압의 조절과 정신안정에 사용되는데 부족하면 저장되어 있는 칼슘을 빼내 쓴다. 그래도 모자라는 칼슘은 음식에 의해 섭취된다.

그렇지만 이것은 지상에서의 이야기다. 중력이 있으면 칼슘이 뼈에서 나가고 들어오는 것이 조절되지만 무중력 상태에서는 빠져 나가는 한쪽 방향으로만 작용된다고 한다. 원인은 밝혀지지 않았지만 칼슘을 계속 섭취해도 원상회복이 되지 않는다. 때문에 우주공간에서 오랫동안 있으면 있을수록 뼈는 약해진다.

충치는 칼슘과는 직접적인 관계는 없지만 무중력 상태에서는 충치구멍에서 신경이 나오기 때문에 이가 아프게 된다. 상상하는 것만으로도 아픈 이야기다. 그래서 충치가 있는 사람은 우주비행사 테스트에서 실격된다.

답: 3) 단지 목의 갈증 때문(의문 10의 답)

다음 중 실제로 존재하는 개미는?

    1) 식량을 다른 곳에서 빼앗아오는 개미
    2) 식량을 재배하는 개미
    3) 개미를 먹는 개미

  중남미에 살고 있는 한 개미는 유능한 버섯재배자다. 이 개미 요새 안에 있는 지름 1m에 달하는 재배실에서 버섯이 발견되었는데 이것은 이 개미만이 재배할 수 있는 종류로 다른 곳에서는 볼 수 없다고 한다.

  비료는 개미의 타액과 배설물이다. 열대림 지하의 습한 기운은 포자식물이 자라기에는 최적의 조건이다. 버섯의 모체인 균은 여왕개미가 전에 있던 집단에서 독립할 때 가지고 온 것이다. 몇 백만 년이라는 세월 동안 한 세대에서 다음 세대로 계속해서 전해져 온 것이다.

  배설물을 가지고 오는 개미와 버섯을 재배하는 개미의 역할

분담도 확실하다. 그래서 재배개미는 운반개미보다 허리가 가늘다. 물론 다른 종류의 개미와 마찬가지로 병정개미와 알을 돌보는 개미 등도 있는 수천 마리의 대조직이다.

답: 2) 뼈가 약해진다. 3) 충치가 심하게 아프다

(의문 11의 답)

올빼미는 양 눈이 얼굴의 정면에 나란히 붙어 있어 시계가 매우 좁다. 어떻게 이러한 상황을 극복할까?

1) 눈 주위의 근육을 사용한다.
2) 눈알을 돌린다.
3) 머리를 돌린다.

올빼미의 시계는 정면을 향하고 있을 때 겨우 110도에 불과하다. 사람은 200도 정도에 불과하며 놀랍게도 꿩은 360도로 자유자재다.

게다가 올빼미는 안구를 움직이는 것조차 불가능하다. 홍채의 주변이 뼈와 같은 조직으로 고정되어 있기 때문이다. 밤에 극히 약한 빛을 모으는 기능은 매우 뛰어나지만 그만큼 옆이나 뒤를 볼 수 없다는 것은 자연의 신비로운 조화라고 하겠다.

여기서 올빼미는 목을 돌려야만 넓은 시야를 확보할 수 있다. 움직일 수 있는 각도는 좌우 각각 180도이기 때문에 몸 주변의 360도 모두를 볼 수 있다. 조류 중에서 목을 바로 뒤까지 돌릴 수 있는 것은 올빼미과 외에는 없다.

답: 2) 식량을 재배하는 개미(의문 12의 답)

앵무새와 구관조가 사람 흉내를 내는 것은 무엇이 사람과 닮아서일
까?

1) 성대
2) 혀
3) 목젖

사람을 흉내 내는 새와 그렇지 않은 새를 비교해보면 확실
히 혀가 다르다. 대부분의 새는 혀가 너무 딱딱하고 가늘어
움직임이 한정적인 것에 비해 앵무새와 구관조의 혀는 살이
많고 유연해 움직임이 좋다. 그 때문에 사람의 말은 물론 개
가 짖는 소리나 초인종, 전화벨 소리까지 흉내 낼 수 있다.

그들이 알고 있는 몇 개의 언어를 상황에 맞게 사용할 수도
있는가라는 점에서는 이를 증명하는 몇 가지 사례가 있다. 어
느 사육주는 초인종이 울리면 "헤이"라고 말하도록 하는 데
성공했다는 이야기도 있다. 또 조류 연구가인 오스트리아의

로렌츠 박사도 그들의 판단력을 인정하고 있지만 오늘날에는 이 새들이 기계적으로 흉내를 낼 뿐이라는 설이 유력하다. 학자들이 인정하는 가장 머리 좋은 새는 비둘기로 개나 돌고래와 비슷하다고 주장한다.

답: 3) 머리를 돌린다(의문 13의 답)

적의 습격을 받으면 머리를 집어넣는 거북이. 어떻게 머리가 그 좁은 공간으로 들어갈 수 있을까?

1) 뼈를 S자형으로 굽혀서 들어간다.
2) 접는 우산처럼 부피가 작아져서 들어간다.
3) 등껍질 안의 공간이 넓어진다.

　놀랍게도 거북이의 목뼈는 'S' 자형으로 휘어진다. 그것도 지면과 수직방향으로 그려지는 곡선이다. 거북이는 위험에 처하게 되면 즉시 목을 'S' 자형으로 구부려 몸통 속에 머리를 끌어들인다. 이것이 우리들에게는 머리가 작아진 것처럼 보인다. 이렇게 'S' 자형으로 목을 구부릴 수 있는 것은 관절 사이에 커다란 공간이 있기 때문이다.

　다만 이것은 거북이 종류 대다수가 속해 있는 잠경류 외에는 불가능하다. 육지에서 활동하고 있지 않은 거북이는 곡경류로서 목을 좌나 우로 흔들 뿐이다. 등껍질의 그늘 속으로

약간씩 움츠리는 것은 가능하지만 내놓는 부분도 적지 않다. 원래 물속에서는 육상에 비해 적도 없고 걷는 것보다 헤엄치는 쪽이 더 빠르기 때문에 굳이 걱정할 정도는 아니다.

거북의 등껍질은 피부가 각질화한 것이다. 거북이는 이 등껍질로 인해 절대적으로 안전한 삶을 영위하고 있다. 단, 악어에게 통째로 먹힐 경우엔 흔적도 없이 소화되어 버린다.

답: 2) 혀(의문 14의 답)

고래의 선조는 다음 어느 것일까?

1) 낙타

2) 코끼리

3) 다람쥐

체형이 물고기와 비슷한 탓으로 고래는 줄곧 바다에서 생활해 왔을 것이라고 오해하기 쉽다. 그러나 물고기의 지느러미처럼 보이는 것은 앞발이 진화한 것이고 자세히 보면 뒷발의 흔적도 보인다. 아프리카 북부의 약 6,000만 년 전의 지층에서 뒷발이 달린 옛날 고래의 화석이 발견되었다. 육상에서 포유동물로 발달해 생활터전을 바다로 옮겨간 후 발이 퇴화한 게 명백히 드러난 것이다.

육상에서 살고 있을 무렵의 고래의 역사를 거슬러 올라가 보면 현재 낙타의 선조에게 도달하게 된다. 이것은 유전자 본체인 DNA의 염소 배열 데이터로를 통해 계통도를 그려봄으로써 나타난 것이다. 이 데이터에 따르면 우제류(포유동물 중에서 발굽이 짝수인 동물. 사람으로 말하면 약지와 중지가 붙어 있다. 소, 양, 돼지, 낙타, 기린 따위)와 기제류(발굽이 홀수인 포유류. 말, 코뿔소 따위)가 약 6,500만 년 전에 분화되어 왔음을 알 수 있다. 결국 선조의 선조를 찾아가 보면 고래는 기린이나 낙타나 소 같은 동물과 동일한 선조를 갖고 있음을 알 수 있다. 참으로 진화란 불가사의한 것이다.

답: 1) 뼈를 S자형으로 굽혀서 들어간다
(의문 15의 답)

다음 중 일생 동안 움직이지 않는 동물은?

　1) 해면
　2) 말미잘
　3) 굴

　바위에 찰싹 달라붙어 꼼짝도 하지 않는 것처럼 보이지만 해면이나 굴도 어렸을 때는 자유롭게 돌아다니며 움직인다. 말미잘은 성장한 후에도 이동하려고 마음만 먹으면 가능하다. 따라서 한 장소가 아니라 여러 장소에 자손을 번창시킬 수 있는 것이다.

　해면은 해저에 사는 무척추동물이다. 어렸을 때의 아주 짧은 시간만을 제외하면 물고기가 부딪히거나 사람이 만지더라도 아무런 반응을 보이지 않는다. 골격을 고정시켜 버린 셈인데 스펀지 모양을 하고 있다. 말미잘은 아래 부분에 발을 대신하는 기관을 가지고 있다. 개중에는 소라게에 올라타 여행을 하는 것도 있다. 같은 강장동물로서 고정된 생활을 하는 멍게도 역시 움직일 수 있다.

칼을 사용해도 좀처럼 떨어지지 않는 굴은 조개처럼 보이지만 실제로는 새우, 가재와 같은 갑각류다. 바위와 배에 석회질의 껍질을 붙이기 전에는 수영도 하고 걷기도 하면서 활발하게 움직인다.

답: 1) 낙타(의문 16의 답)

어떤 두꺼비가 무심코 벌을 삼켰다. 그런데 벌이 두꺼비 몸 속에서 난폭하게 움직인다. 그 후 두꺼비는 어떻게 할까?

1) 평온하게 소화시킨다.
2) 물을 벌떡벌떡 마신다.
3) 밥통째로 한꺼번에 토해낸다.

'밥통 세탁'이라고 불리는 이 행위는 많은 개구리가 자주 행하는 일이지만 특히 두꺼비에게서 많이 나타난다. 변질된 것을 삼키거나 벌처럼 자극성 있는 생물을 제대로 분간하지 못하고 먹어버렸을 때 밥통을 일단 입 밖으로 내고 귀찮은 존재를 토해낸 후 밥통을 슬쩍 집어넣는다.

개구리는 왜 이러한 행위를 할까? 그것은 특수한 눈에 원인이 있다. 툭 튀어나온 눈은 상당히 잘 볼 수 있는 것처럼 느껴지지만 실은 개구리 눈은 대상의 구체적인 부분을 완벽하게 볼 수 없다. 개구리의 시계는 전체가 모래땅처럼 스크린에 펼

쳐진다. 대상이 움직이면 형체를 잘 분간할 수 없다. 움직이는 것이 안심하고 먹을 수 있는 파리인지 아니면 고통을 안겨다 줄 벌인지 개구리는 그때까지 알 수 없다. 결국 일단 매우 긴 혀를 내밀어 입으로 집어넣고 보는 것이다.

답: 없다. 어렸을 때는 모두 움직일 수 있다

(의문 17의 답)

뱀의 혀에 대한 설명 중 틀린 것은?

1) 입을 다문 상태에서도 혀를 낼 수 있다.
2) 냄새를 맡는 데 도움이 된다.
3) 혀만 온도가 높다.

　누구나 싫어하는 뱀이지만 기회가 있다면 자세히 뱀의 얼굴을 살펴보기 바란다. 입 끝에 구멍이 하나 있다. 코는 어디에 가서 붙어 있는지 알 수 없다. 입 끝의 구멍이 콧구멍에 해당되는 것이 아닐까라고 생각할 수도 있지만 이곳에서 갑자기 생각지도 못했던 혀가 날름거리며 나온다. 이때 입은 꽉 달혀 있다.

　실제로 이 구멍은 혀 전용구멍이다. 왜 이런 구멍이 필요할까? 뱀의 혀에는 냄새의 입자를 모으는 역할이 있기 때문이다. 뱀은 시각 이상으로 후각을 자신의 중요한 판단 수단으로 삼는다. 혀 전용구멍이 있으면 언제라도 재빨리 날름거리고 나와 냄새를 수집할 수 있고 혀를 내밀어도 입 속이 마르는 것을 걱정하지 않아도 된다. 혀가 두 개로 나뉜 것도 보다 효율적으로 냄새를 수집하기 위해서다. 모아진 냄새 입자를 입 깊숙한 곳으로 운반해 '야콥슨기관'이라는 것으로 식별한다. 이때 운반을 하는 것도 혀다. 혐오스럽다는 이유 하나만으로도 백안시되고 있는 뱀의 혀지만 사실은 매우 훌륭한 도구인 셈이다.

답: 3) 밥통째로 한꺼번에 토해낸다(의문 18의 답)

대부분의 동물은 염색체로 성별이 결정된다. 그러나 악어는 다르
다. 도대체 어떻게 결정되는 것일까?

1) 알을 낳았을 때의 온도
2) 부화할 때의 온도
3) 엄마 악어의 생각대로

악어가 알을 낳을 때는 종류에 따라 2가지 중 어느 한쪽 방
법을 선택한다. 하나는 처음에 풀과 흙으로 흙무더기를 만든

후 알을 낳는 것이다. 또 다른 하나는 물가의 땅에 구멍을 파고 거기에 알을 낳은 다음 흙을 덮어 흙무더기를 만드는 방법이다.

어떤 것으로 하든 흙무더기의 온도가 새끼의 성별을 결정짓는다. 부화할 때의 온도에 따라 새끼가 암컷도 되고 수컷이 되기도 한다. 모두 암컷이 되는 것은 30도 이하로 내려갈 때, 모두 수컷이 되는 것은 34도 이상일 때다. 그 중간이면 그 확률은 반반이다.

답: 3) 혀만 온도가 높다(의문 19의 답)

도마뱀과 뱀에 관한 것 중 올바른 것은?

1) 도마뱀의 일종에서 뱀이 태어났다.
2) 뱀이 도마뱀의 선조이다.
3) 양자가 동시에, 공룡으로부터 나뉘어졌다.

  뱀의 선조는 태곳적 도마뱀의 일종이다. 결국 원조 도마뱀
이 먼저 세상에 나왔고 그 후 지금과 같은 도마뱀으로 이어지
는 계보와 뱀으로 이어지는 계보가 만들어진 셈이다. 도마뱀
과 뱀이 외견상 가장 많은 차이가 있는 것은 뱀에게는 다리가
없다는 점이다. 또한 도마뱀은 눈꺼풀을 닫을 수 있는데 뱀은
불가능하다. 이러한 사실로부터 뱀은 도마뱀의 사지와 눈꺼
풀이 퇴화(진화일지도 모르지만)한 것임을 알 수 있다.
  공룡은 뱀이나 도마뱀과 거의 관계가 없다. 공룡은 파충류
와 같은 변온동물이 아니고 항온동물이었다는 설이 있을 정
도로 도마뱀과 뱀류와는 연관관계가 희박하다.

어쨌든 현존하는 뱀 가운데 가장 원시적인 것은 소경뱀이라는 종류다. 이 뱀은 골반구조가 도마뱀과 비슷하다. 그럼에도 불구하고 땅 속에서 살기 때문에 눈과 이빨이 퇴화해 버린 것이다.

답: 2) 부화할 때의 온도(의문 20의 답)

사자의 으르렁거리는 소리가 그렇게 큰 이유는?

1) 성대가 좋아서
2) 배에서 소리를 내므로
3) 혀에 뼈가 있으므로

사바나를 쩡쩡 울리는 사자의 목소리는 그 혀에 비밀이 있다. 고양잇과 대형동물의 공통적인 특징으로 혀뼈라고 하는 색다른 뼈를 들 수 있다. 이 뼈 덕택으로 매우 길고 우렁찬 소리를 낼 수 있다. 이것이 첫 번째 이유다.

다른 하나는 뺨과 입매의 사용방법에 비밀이 있다. 뺨을 팽창시켰다가 오므리면 입의 안쪽에서 음이 공명한다. 동일한 고양잇과지만 입의 용적이 작은 고양이와는 비교도 안 될 정도로 커다란 소리를 낼 수 있는 것은 몸의 크기에 비례하는 입 안의 넓이와 혀뼈 덕택이다.

답: 1) 도마뱀의 일종에서 뱀이 태어났다

(의문 21의 답)

반론

'혀뼈'라고 하는 것은 아마 hyoid bone을 가리키는 듯하다. 이 hyoid bone은 설골이라고 번역되나 실제로는 목 부위에 있고 성대와 혀에 관련된 여러 개의 조그만 근육이 붙어 있다. 사자나 호랑이 같은 소위 big cat은 다른 조그만 고양잇과의 동물과는 달리 이 설골이 연골로 되어 있어 진동이 잘 되어서 큰소리를 낼 수가 있는 것이다. 호랑이나 사자가 길게 혀를 빼는 것을 본 적이 있는가? 혀에 뼈가 있을 까닭이 없다. 네안데르탈인의 설골을 연구해 이들이 사용한 언어가 현생 인류와 거의 다름이 없다는 보고가 있다. ㅡ중앙대 의대 부속병원 방사선과 이종범 과장

사자의 공격의욕을 꺾는 방법은?

1) 개다래나무를 준다.

2) 죽은 체한다.

3) 뭔가로 재롱부리게 한다.

동물의 왕으로 칭송되는 사자도 무서워하는 것이 있다. 그런데 사자가 무서워하는 것은 동물이 아니라 식물이다.

개다래나무는 산지에서 자생하는 덩굴성 식물로 타원형의 잎이 초여름이 되면 희게 물들어가는 것이 특징이다. 여름에는 흰 꽃, 가을에는 녹색 열매를 맺는다. 이 개다래나무에 고양잇과 동물들을 환각상태로 빠지게 하는 성분이 있는데 덩굴, 꽃, 열매에도 함유되어 있는 화학물질로 그 이름은 '마타타비락크톤' 이다. 사람에게는 아무런 영향을 미치지 못하지만 고양잇과의 동물 모두에게는 효과를 볼 수 있다. 사자나 호랑이도 개다래나무로 둘러싸면 당장 무기력해진다.

이 효과가 지속되는 것은 대체로 20~30분 정도다. 그렇다고 개다래나무 하나만을 믿고 사자 앞에 나서 공격하겠다는 것은 매우 위험한 생각이다. 목숨은 하나밖에 없으니까.

답: 3) 혀에 뼈가 있으므로(의문 22의 답)

소재는 동일하며 두께만 다른 유리 가운데 어느 쪽이 열에 약할까?

1) 두꺼운 유리

2) 얇은 유리

3) 동일하다

보통 유리가 왜 열에 약한가 하면 열의 전도율이 나빠서 열 팽창이 비교적 쉽게 이루어지기 때문이다. 따라서 뜨거운 물건에 직접 접촉된 부분만 팽창하고 열이 전달되지 않는 부분은 그대로여서, 매우 균형이 나쁜 상태가 되고 왜곡이 생겨버린다. 이 왜곡은 열에 접촉된 부분과 그곳에서 떨어진 곳의 온도차가 크면 클수록 심해진다. 그리고 이것이 '쨍' 하고 울리며 갈라지는 직접적인 원인이 된다.

결국 뜨거운 물건을 넣거나 직접 불에 접촉한 경우 온도차가 크게 벌어지는 두꺼운 유리가 깨지기 쉽다. 이것은 극단적으로 차가운 물건을 접촉하는 경우에도 마찬가지로 적용된다. 예컨대 뜨거운 물에 담가둔 유리를 냉동실에서 급속히 얼리게 되면 '쨍' 하고 깨지는 것은 불을 보듯 당연한 사실이다. 내열 유리는 매우 큰 온도차에도 견딜 수 있는 호우케이산(酸) 유리라고 하는 특수한 소재를 쓴다.

답: 1) 개다래나무를 준다(의문 23의 답)

약간 사이를 두고 2장의 종이 윗부분만 잡은 상태에서 다른 한 사람이 손으로 그 사이를 위에서 아래로 가른다. 종이는 어떻게 될까?

1) 접근한다.
2) 떨어진다.
3) 조금 움직이기만 한다.

손으로 허공을 내리친다는 말에 구애받을 필요는 없다. 종이 사이를 빠져나가도록 숨을 내뿜어도 상관없다. 그러면 고정되어 있지 않은 종이의 아래쪽이 가깝게 접근한다.

이 현상은 공기의 흐름이 생겨나고 기압이 내려감에 따라 일어나는 것이다. 종이 사이의 기압이 내려가면 바깥쪽의 기압은 상대적으로 높아지고 안쪽을 향한 힘도 커진다. 이런 과정을 통해 종이가 접근하게 되는 것이다.

물론 이것은 종이에만 제한되는 것은 아니다. 가장 손쉽게 찾아볼 수 있는 예는 지하철을 기다리며 서 있을 때 지하철이 바로 앞을 지나가면 자신이 지하철 쪽으로 빨려드는 듯한 느낌을 받는 경우가 있다. 이것은 단순히 심리적인 현상이 아니다. 공기의 흐름으로 인해 실제로 그러한 상황이 벌어지고 있는 것이다. 또 공기만이 아니라 물에서도 똑같은 현상이 나타난다. 소형선박이 움직이는 대형선박 옆을 지나갈 때 자칫 잘못하면 대형선박 쪽으로 쏠리게 돼 사고가 나기도 한다.

답: 1) 두꺼운 유리(의문 24의 답)

국보와 보물은 어떻게 다를까?

우리나라의 국보 제1호는 숭례문, 보물 제1호는 흥인지문이다. 국보는 보물 중에서 특히 제작연대가 오래되었거나 한 시대를 대표할 수 있는 것, 제작기술이 우수한 것, 형태나 품질이 특이한 것, 유명한 인물이 제작하거나 관련된 것 등 가치가 크고 희귀한 문화재를 말한다. 문화재에는 유형문화재, 무형문화재, 기념물, 민속자료가 있는데, 유형문화재 중에서 중요한 것을 문화재청장이 문화재위원회의 심의를 거쳐 보물로 지정한다. 제1호, 제2호 같은 순서는 중요함의 순서가 아니라 단순한 일련번호일 뿐이다. 하지만 제1호인 문화재라는 것만으로도 대표성과 상징성을 가지게 된다고 할 수 있다. 그런데 2008년 2월 10일 저녁 8시 40분쯤 국보 제1호인 숭례문이 방화로 인해 거의 5시간 만에 불에 타 붕괴되는 안타까운 일이 있었다.

강력분, 중력분, 박력분은 어떻게 다를까?

강력분에는 글루텐이 11~13퍼센트, 중력분에는 9~11퍼센트, 박력분에는 9퍼센트 이하로 들어 있다. 밀가루에는 글루테닌과 글루아딘이라는 단백질이 있는데 이 단백질이 물과 결합하면 글루텐이 만들어진다. 글루텐이 많으면 반죽이 잘 터지지 않는다. 그래서 강력분은 주로 빵을 만들 때 사용하고, 중력분은 국수나 우동, 면류, 박력분은 케이크나 타르트, 쿠키 등을 만들 때 사용된다. 그런데 이 글루텐이 함유된 식품을 먹는 경우 소화가 안 되고 가스가 차기도 하며 심하면 알레르기 반응까지 일으키는 사람들이 있는데 이를 '글루텐 불내증' 이라고 한다. 이 때문에 글루텐프리 빵이나, 과자, 식재료들도 판매가 되고 있다.

감옥에서는 정말 콩밥을 줄까?

1986년에 규정이 개정되면서 감옥에서는 쌀과 보리를 반씩 섞인 보리밥이 제공되었다. 이후 보리의 비중이 줄어들었고 현재는 보리가 20퍼센트 정도 들어간 보리밥이 제공된다고 한다. 재정 형편이 좋지 않았던 과거에는 여러 종류의 요리를 제공할 수 없었기 때문에 영양가가 높으면서도 저렴한 재료를 찾을 수밖에 없었고 그 대안이 바로 콩이었다. 콩은 여러 곡물 중에서도 영양가가 높기 때문에 죄수들에게 콩밥이 제공되었고 이 때문에 감옥에 가는 것을 '콩밥 먹는다' 라고 표현하는 말이 생긴 것이라고 한다.

인도에서는 왜 소를 먹지 않을까?

흔히 인도를 떠올릴 때면 거리를 자유롭게 돌아다니는 소떼들을 생각하게 된다. 그런데 이렇게 마음대로 돌아다니는 것 같아도 70% 정도의 소는 주인이 있다고 한다. 힌두교 신들 중 하나인 파괴의 신인 시바는 인도의 황소인 난디를 타고 다닌다고 한다. 힌두교에서는 모든 존재가 열반을 향해 가는 영혼들인데 암소로 태어나기 위해서는 86번의 윤회를 거쳐야 하고 다음 생에 는 인간이 된다고 한다. 그런데 이 암소를 죽인 인간은 윤회의 가장 낮은 단 계로 내려가게 된다. 그래서 신의 노여움을 사지 않기 위해 소를 해치지 않는 다고 한다. 하지만 물소의 경우는 다르다. 물소는 죽음의 신 야마가 타고 다 니는 동물이기 때문에 죽여도 먹어도 문제가 되지 않는다고 한다.

하이힐은 어떻게 만들어졌을까?

17세기 프랑스 파리의 거리는 음식물 쓰레기와 분뇨가 널린 지저분한 모습 을 하고 있었다. 당시에는 집안에 화장실이 없었기 때문에 사람들은 눈에 띄 지 않는 곳이라면 어디서든지 일을 보았다고 한다. 18세기 초가 되자 사람들 이 집안에 변기를 마련해서 일을 보기는 했지만 변기가 차면 내용물을 그냥 길바닥에 버렸다. 그래서 길바닥은 언제나 오물과 분뇨로 흥건했다고 한다. 당시 여성들은 긴 드레스를 입고 다녔는데 드레스 자락에 오물이 묻는 것을 피하기 위해 하이힐을 신고 다니기 시작했다고 한다.

그들은 왜 책을 불태웠을까?

이슬람의 칼리프 오마르는 시리아, 예루살렘, 이집트, 페르시아 등을 정복하 면서 유서 깊은 역사가 기록된 책들을 불태웠다. 이때 이슬람교도들에 의해 예루살렘 도서관에 있던 20만 권의 장서도 불에 타 사라졌다. 잉카의 63대 통치자였던 파차큐티는 5000년의 문명이 기록된 책들을 모두 불태웠다. 사 도 바울은 기독교로 개종한 뒤 에페수스에서 과거 모든 문명에 대해 기록된 주요한 책들을 불태웠다. 히틀러는 1936년 중요한 역사자료였던 책들을 불태웠다. 중국의 모택동은 공자의 '논어'를 비롯한 많은 중요한 책들을 불태 웠다. 진시황은 개인이 가지고 있던 책까지 포함 약 5만권의 책을 불태워 없 앴다. 소중한 인류의 문화유산들이 이렇게 한 사람의 결정에 의해 불태워졌 다. 모두 인류의 과거와 미래가 아니라 현재만을 생각한 오만함 때문이었다.

사람을 알자, 보디 랭귀지

술을 마시면서 "카!" 하는 소리를 왜 내뱉을까

업무가 끝난 후나 목욕탕에서 샤워를 한 후, 한 잔의 시원한 맥주를 들이킬 때 "카!", "푸아!" 같은 소리를 내뱉는 것은 무엇 때문일까? 맥주만이 아니다. 대부분의 술자리에서 첫 잔을 마실 때는 이런 소리가 여기저기서 들리기 마련이다.

어떤 사람은 맥주나 그 밖의 다른 술에는 특정한 물질이 함유되어 있어 신체 내부에 뭔가 화학작용을 일으키기 때문이라고 주장하기도 한다.

그러나 이것은 화학작용의 문제라기보다는 심리적인 문제다. 심리학자의 말에 따르면 "카!" 하고 내뱉는 것은 술을 마실 때만 나오는 표현이 아니다. 스트레스에서 해방되었을 때 일반적으로 볼 수 있는 현상이다. '숨쉴 틈도 없이'라는 말이 있는 것처럼 숨을 내쉬게 되면 그동안 쌓였던 긴장감이 풀어지고 보다 편안한 상태가 된다.

탕 속에 들어가서 "아-!"라든가 "휴우!"라는 소리를 내게 되는 것도 다 이런 이유에서이다. 결국 "카!"란 편안함이란 감정의 표현이다. 이것이 습관이 되면 평상시에도 "카!"라는 말을 내뱉는 것만으로 뭔가 편안함을 느끼게 된다.

따라서 자신이 싫어하는 상사와 함께 술을 마실 때는 웬만해서는 "카!" 같은 소리는 자제하는 것이 좋다. 지나치게 마음을 편안하게 가져가면 쉽게 취하게 되고 추태를 연출할지도 모른다.

"Fuck you!" 이 제스처는 언제부터 사용된
것일까

 '모르는 게 약'이라는 말은 이런 때를 두고 하는 말일 것이
다. 옛날에 해외출장이나 관광의 목적으로 미국에 들렀을 때
미국인이 자신을 향해 가운데 손가락을 곧추세워도 그것이
무슨 뜻인지 몰라 실실 웃어 버려 상대편이 오히려 멍해졌다
는 이야기는 한번쯤 들어본 기억이 있을지도 모르겠다.

 말로 "Fuck you!"라고 하면서 이 제스처를 취했다면 이해
하지 못할 것도 없지만 그냥 이 제스처만 보고서 무슨 뜻인지
를 알아차리기가 쉽지 않았으리란 생각이 든다. 일부 주한미
군들의 몰지각한 행동에서 혹은 외국 영화를 통해서 수없이
이런 제스처를 접하게 된 지금은 우리나라에서도 이런 제스
처를 사용하는 사람들이 점차 늘어나고 있다.

 이 제스처를 보면 선명하게 떠오르는 이미지가 있다. 가운
데 손가락이 남성 성기, 즉 'Fuck'을 상징한다는 사실이다.
손등을 상대편으로 향하고 꽉 쥔 주먹의 가운데 손가락을 세

워 쭉 돌출시키는 것은 '이 빌어먹을 놈!' 이라고 상대를 극도로 모욕하고 있음을 의미한다.

그런데 이 제스처는 과연 언제 생긴 것일까? 우리는 주로 이런 제스처를 할리우드 영화를 통해 많이 접촉했기 때문에 미국 슬럼가에서 시작된 것으로 알고 있는 사람들이 많다. 그렇지만 의외로 그 유래는 2,000년 전으로까지 거슬러 올라간다.

원래 이 제스처는 로마에 그 기원을 두고 있다. 고대 로마인들은 가운데 손가락을 남근의 심볼로서 '음란한 손가락' 이라고 불렀고 따라서 이 손짓은 상대방을 모욕하는 것이 되었다. 가장 긴 가운데 손가락이 섹스에서도 가장 많이 사용되기 때문일 것이라는 추측도 있다.

미국인들은 가운데 손가락을 단순히 '그 손가락(The Finger)' 이라고 부른다. 이 제스처는 '록펠러 몸짓' 이라고도 부르는데 미국의 대부호 록펠러가 TV에서 눈에 띄게 그 몸짓을 많이 사용해서 그런 이름이 붙었다. 이런 저속한 사인을 해대는 것은 교양 있는 신사 숙녀에게는 있을 수 없는 일이지만 미국의 경우에는 꽤 교양이 있는 것으로 알려진 사람들도 미친 듯이 화가 나면 갑자기 이런 제스처를 취한다고 한다.

자신의 분노를 아무리 강하게 나타낸다고 할지라도 직접 아랫도리를 열어 자신의 성기를 보일 수는 없기 때문에 대신 이런 제스처가 만들어진 것은 아닐까?

손가락으로 만드는 OK 사인은 언제부터 생긴 것일까

"이번 일요일에는 동물원에 놀러가지 않을래?"라고 말하면 대답 대신 손바닥을 상대에게 향하고 엄지손가락과 집게손가락을 둥글게 맞잡는다. 물론 이것은 OK 사인이다. 이 경우 OK 사인은 '동의'를 나타내는 것이지만 이외에도 '정확', '승인', '칭찬' 등의 의미로도 사용되는 포즈다.

이 OK 사인이 어떻게 생겼는지에 관해서는 여러 설이 있다.

'동그라미처럼 완전하다'는 의미에서 나온 사인이라는 주장도 있고, 문자 그대로 OK의 O라는 글자를 표현한 것이라는 주장도 설득력을 얻고 있다. 그러나 OK의 기원도 확실치 않을뿐더러 상당히 오래전부터 OK사인이 사용되어 왔다는 사실을 고려한다면 이 주장은 정확한 것은 아닌 듯하다. 가장 유력한 주장은 서로 대화하는 도중에 '강조의 표시'로서 사용된 신호와 관계가 있다는 데스몬드 모리스(『바디 워칭』의 저자)의 주장이다. 이것은 OK사인과 똑같이 손가락을 둥글게 연결하는 표시는 아니다. 무엇인가 가느다란 물건을 잡기 위해 엄지와 집게손가락을 맞추는 것에 그 포인트가 있다. 이 신호가 여러 형태로 변화하면서 OK 사인이 되었다는 설이다. 기원 1세기 고대 로마의 저작에도 이 신호가 일종의 '승인'을 나타내는 사인으로서 통용되었다는 기록이 남아 있다. 이것이 현대로 오면서 OK사인이 되었다는 것이 가장 사실에 가까운 주장인 듯하다.

OK사인은 그 밖에도 비속한 의미를 포함한 '구멍'이라든가, '아무것도 없다', '제로'라는 의미, 나아가 '위협'의 표시로도 사용된다.

사람들은 왜 콧구멍을 후빌까

콧구멍을 후비는 것은 매우 면목 없는 일이다. 따라서 옆에
다른 누군가가 한 사람이라도 있으면 대부분의 사람들은 콧
구멍을 후비는 동작을 그만둔다. 다른 사람 앞에서 이런 동작
을 취하는 것은 다른 사람이 보는 앞에서 샤워하는 것과 마찬
가지의 사회적 금기다.

콧구멍을 후빌 때 갑자기 뒤에서 "안녕하세요?"란 말이 들
려오고 상대가 이쪽으로 다가오면 자기도 모르게 당황해서
손가락으로 코 안을 강하게 찌르는 경우도 있다. 이렇게 불안
하거나 분위기가 어색해짐에도 불구하고 사람들은 콧구멍을
후비는 버릇을 쉽게 고치지 못한다.

콧구멍 후비기는 기본적으로 동물의 '털 쓰다듬기'와 비슷
한 성격을 갖는다. 자신의 몸을 깨끗한 상태로 유지하고 싶다
는 욕구는 인간이면 당연히 가질 수 있다.

따라서 혼자 있을 경우 자신의 마음속에 쌓인 욕구불만과

짜증을 스스로 달랜다는 본능이 작용해 이러한 행위가 나타나는 것이다. 또 일에 열중하고 있을 때 주변에 누가 있는지도 의식하지 못한 채 코를 후비는 사람들도 있다.

생각할 일이 있을 때 코를 만지는 이유는?

사람은 여러 이유로 코를 만진다. 사람들이 코를 만질 때를 분석해보면 대체로 어떤 도움이 필요할 때다. 코에 자신의 손이나 손가락을 대고 기운을 북돋아 줌으로써 잠시나마 도움을 주는 것이다. 생각할 일이 있을 때 무의식중에 코로 손이 가는 것도 같은 이유다. 코는 마음의 갈등이 있을 때 스트레스를 일으켜 간지럽거나 따끔거리는데 신속하게 손이 움직여 달래주는 것이다.

벽에 붙은 현상범들의 사진은 왜 모두
지명수배범 같은 얼굴을 하고 있을까

　'지명수배범다운 얼굴'이라는 말이 있다. 얼굴 전체가 어딘지 모르게 각이 져 있고 눈은 흐리멍덩하다. 무엇을 생각하는지 모르는 경직된 표정이다. 게시판에 붙어 있는 '지명수배범'의 사진을 아무리 유심히 보아도 모두 '지명수배범 같은 얼굴'을 하고 있기 때문에 누가 누군지 분간할 수가 없다. 특징도 없는 불가사의한 표정들이다.

　죄수가 감옥에서 생활하게 되면 몸에 굳어버리는 '범죄형의 얼굴'도 이와 유사한 예라고 할 수 있다. 처음엔 생기 있는 표정이던 사람도 감옥에서 조금 지내다 보면 표정이 점차 사라져가는 것처럼 보인다. 그 이유는 자기 감정을 드러내는 것을 억제하기 때문이다. 따라서 대부분 표정이 딱딱하게 굳어 있다. 이들은 자기방어를 위해 이른바 감옥용 가면을 쓰게 된다.

　감옥용 가면의 경우만 해당되는 것은 아니지만 가면을 쓰는 사람들의 얼굴은 거의가 비슷하다. 마치 지하철을 타고 가는 사람들의 얼굴이 모두 비슷해 보이는 것처럼. 특히 증명사진 같은 사진을 찍게 되면 증명사진용 포즈를 취하고 자신의 개성적인 표정을 죽이는 경우가 많다. 즉 가면 쓴 얼굴을 찍는 것이다. 지명수배범마다 그 얼굴이 그 얼굴처럼 보이는 이유도 여기 있다.

지문은 정말 같은 것이 없는가?

어느 통계에 의하면 인간의 지문이 같을 확률은 64,000,000,000분의 1이다. 그러므로 인간을 구분하는 가장 효과적인 방법은 지문검색이며 심지어는 일란성 쌍생아도 지문이 같지 않다. 지문에 대해 최초로 체계화한 사람은 이탈리아의 해부학자 마르셀로 말피지 교수다. 그 후 여러 사람이 이를 수정 보완해 현대화했으며 공식적으로 사용되기 시작한 것은 유럽에서 범죄자들을 확인하기 위해서였다.

혼자서 열심히 뭔가를 찾고 있을 때 "그게 어디 있지?", "내가 분명히 여기다 놓은 것 같은데"와 같은 혼잣말을 하고 있는 자기 자신을 의식할 때가 있다. 누군가 들어줄 사람도 없는데 왜 혼잣말을 내뱉는 것일까?

혼자서 열심히 놀고 있는 어린이를 보면 항상 혼잣말을 중얼거리는 모습을 발견하게 된다. 이것은 정신발달이 아직 미숙하기 때문에 머릿속의 말(내어; 內語)과 입으로 내뱉는 말(외어; 外語)의 구별이 없고 모든 것을 입으로 하고 있기 때문이다. 차츰 성장함에 따라 이러한 구별이 보다 명확해지고 무턱대고 혼잣말을 중얼거리지는 않게 된다.

어른이 혼잣말을 할 때는 사고의 수준이 어린이와 같은 수준으로까지 내려가 있다고 생각해도 좋을 듯하다. 결국 어른이 혼잣말을 하는 상태란 일정하게 퇴행현상을 겪고 있는 상태라고 해석할 수도 있을 것이다.

  사람들이 혼잣말을 하는 또 다른 이유로 노화현상을 들기도
한다. 이 주장은 사람이 뭔가 찾고 있을 때는 안절부절못하면
서 감정의 제어가 뜻대로 되지 않기 때문에, 노인이 중얼거리
는 현상과 마찬가지로 혼잣말을 하게 된다는 것이다.
  혼잣말이 퇴행현상이든, 아니면 노화현상이든 그 어느 쪽도
그다지 멋있는 모습이 아니라는 점은 확실한 것 같다.

너무 웃다 보면 눈물이 나온다, 왜 그럴까

    사람은 매우 우스운 일이 생기거나 매우 즐거울 때 입을 크게 벌리고 웃음을 터뜨린다. 슬플 때는 눈물을 흘리며 운다. 그러나 너무 우스워 도저히 참을 수 없게 되면 이 두 가지 현상이 모두 나타난다. 즉, 눈물을 찔끔거리며 폭소를 터뜨리게 된다.

    물론 웃으면서 눈물이 나오는 것은 진짜로 울고 있다고 할 수는 없다. 입을 크게 벌린 채 계속 웃다보면 많은 양의 공기가 들어오게 된다. 그러면 코가 건조해지고 눈물샘이 자극된다. 그 결과 눈물이 나온다. 이것은 누구에게나 일어나는 생리적 반응이다. 턱이 빠질 정도로 크게 하품을 할 때 눈물을 찔끔거리는 것도 이와 유사한 반응이다. 그렇다고 해서 이것이 전혀 감정과 분리된 현상이라고는 할 수 없다. 사람에게는 여러 감정표현이 있지만 감정이 격해지면 그 경계선이 애매해진다. 화를 내다가 눈물을 쏟기도 하고 눈물을 흘리다가 웃음을 터뜨리기도 한다. 또 똑같은 울음이라도 언제나 눈물이 나오는 것이 아니고 좀 더 비참한 기분이 강해지거나 슬퍼져야만 눈물이 나온다. 물론 이것은 개인적인 차이가 매우 심하다.

감정과 표면에 드러나는 반응은 매우 복잡하게 얽혀 있다. 뇌가 이러한 복잡한 감정의 움직임에 적절히 대응하지 못하고 '즐거움'을 '슬픔'으로 계산하는 실수를 저지를 수도 있다는 사실이다.

눈을 깜박이는 데 드는 시간은?
눈의 깜박임은 자동차의 와이퍼와 같은 역할을 한다. 각막이 마르는 것을 방지하고 표면을 깨끗하게 닦아준다. 한 번 눈을 깜박이는 데는 약 1/40초가 걸리고, 눈이 위험에 직면하면 그보다 훨씬 빨리 눈꺼풀이 닫힌다.

졸린 때 왜 눈을 비비게 될까

아이들이 손으로 눈을 비비기 시작하면 졸립다는 표시다. 매우 단순하면서도 알기 쉬운 사인이다. 졸림과 눈에 어떤 연관관계가 있는 것은 아닐까?

그 답은 '있다'이다. 졸리기 시작하면 손과 발이 따뜻해지는 것을 느낄 것이다. 이것은 혈액을 손과 발의 피부 표면 가까이 집결시킴에 따라 혈액 속의 열이 방사되고 체온을 떨어뜨리는 신체 메커니즘이 작용하기 때문이다.

결국 잠을 자고 있을 때는 남아 있는 에너지를 사용하지 않도록 체온을 저하시켜 대사를 억제할 필요가 있기 때문에 일시적으로 손과 발이 따뜻해지게 된다.

이렇게 혈액이 피부에 집결하는 현상이 눈 주변에서 일어나면 눈물샘 조직의 활동이 둔화되고 눈물의 생산량이 감소한다. 그러면 눈을 자주 깜빡이게 되고 자꾸 비비고 싶어진다. 이것은 자신으로 하여금 지금은 자야 할 때라는 것을 의식하게 해준다. 이처럼 신체의 모든 부분은 신비로운 메커니즘으로 연결되어 있다.

눈 색깔이 인종마다 다른 이유는 무엇일까?

동양인은 대체로 까만 눈동자를 갖고 태어난다. 서양의 아기들은 파란 눈이 많다. 그러나 이것은 서로 다른 색소를 갖고 있기 때문이 아니다. 인체의 색소에는 멜라닌이라는 검은 색소가 있는데 추운 지방에 사는 사람일수록 이 색소가 적다. 이 색소가 줄어드는 데 따라 갈색, 초록, 회색, 파란색 등으로 눈동자의 색깔이 바뀐다. 서양의 아기들도 성장함에 따라 멜라닌 색소가 증가해 짙어지지만 일부는 어릴 때와 마찬가지로 파랗게 유지되는 사람도 있다.

왜 먼 곳보다 가까운 곳을 볼 때 눈이 더 피로할까

선사시대 사람들은 책상 위에 놓인 책을 들여다보도록 눈을 사용하지 않았다. 주로 거대한 자연과 자연 속의 먹잇감을 찾아내는 데 눈을 사용했다. 오늘날 이런 눈을 가진 사람이 있다면 어떤 문제가 생기지 않을까?

안경이 발명되기 이전 시대에 시력이 좋지 않다는 사실은 신의 저주와도 같았을 것이다. 눈이 나쁜 사람들은 대신 책을 읽어줄 사람들이 필요했을 것이고 늘 답답하게 살았을 것이다.

사람의 눈은 문명의 발달을 미리 예견하고 진화한 것이 아니다. 다시 말해서 눈은 먹이를 잡을 수 있도록 가까운 곳보다 먼 곳을 보기 위해 진화했다. 그런데 문명은 아주 가까운 곳에 있는 물체들을 보아야만 될 의무를 함께 선사한 것이다. 이런 현상은 젊은 사람일수록 안경을 쓰는 비율을 훨씬 높게 만들었다.

선사시대 사냥꾼들은 먼 목표물을 똑똑히 보기를 원했고 그 결과 사람의 눈은 먼 곳을 더 정확히 볼 수 있게 진화되었던 것이다. 따라서 오늘날 사람의 눈도 먼 곳보다 가까운 곳을 볼 때 훨씬 힘이 든다. 더구나 가까운 곳의 텔레비전을 보게 되면 거리가 전혀 변하지 않아 눈 근육이 운동할 틈이 없이 계속해서 긴장해 있어야 하기 때문에 눈 근육의 피로가 가중된다.

최초의 안경은 언제쯤 생겼을까?

고대 로마의 철학자 세네카는 시력이 약했지만 '물의 공'으로 책을 보았다고 전해진다. 그러나 그 후로도 오랫동안 시력이 약한 사람은 다른 사람이 대신 책을 읽어주는 수고를 해야 했다. 13세기 말에 이르러 이탈리아에서 안경이 본격적으로 사용되기 시작했고 거의 같은 시기에 중국에서도 안경이 보급되기 시작했다.

어떤 사람이 꿈을 꾸는 동안 그 광경을 영상으로 전달할 수만 있다면 우리는 지구상에서 가장 전위적인 영화를 감상할 수 있다. 그 영화는 줄거리가 있는 듯하면서도 없고 장면전환이 어느 영화보다 파격적이고 신속하며 관객의 눈을 전혀 의식하지 않은 감독의 진면목을 보여줄 것이다. 그리고 그 영화는 때론 흑백이고 때론 총천연색이어서 보는 사람의 눈을 혼란스럽게 만들 것이다. 그럴 때 우리는 이런 의문을 갖는다. 시각장애인도 꿈을 꿀 수 있을까? 색맹인 사람은 어떤 색깔의 꿈을 꿀까?

선천적인 시각장애인은 그림으로 이루어진 꿈을 꿀 수 없다. 왜냐하면 어쨌든 꿈은 경험된 것 속에서만 그 재료를 가져올 수 있기 때문이다. 대신 자신이 경험한 것, 즉 촉각이나 청각을 통한 꿈을 꾼다.

색이 있는 꿈을 꾸는 사람과 그렇지 않은 사람의 비율은 대

충 5대 5의 비율로 알려져 있다. 남자보다는 여자가 6대 4의 비율로 높고 색채와 관련 있는 직업인 디자이너, 화가, 무대 감독들이 색깔 있는 꿈을 많이 꾼다.

색깔 있는 꿈이든 그렇지 않은 꿈이든 꿈의 소재는 자신이 살아오면서 경험하거나 상상할 수 있었던 것 속에 그 재료가 있다. 색깔도 자신이 경험한 것들 속에서만 볼 수 있게 된다. 따라서 선천적 색맹은 자신이 여태껏 본 적이 없는 새로운 색은 꿈속에서도 볼 수 없다. 선천적으로 전혀 색깔이 보이지 않는 전색맹은 단지 흑백영화를 상영할 것이고 빨간색을 구별하지 못하는 사람은 빨간색이 빠진 컬러영화를 상영할 것이다.

눈을 감지 않고 재채기를 할 순 없을까

사람들이 재채기를 하는 이유는 무엇일까?

재채기는 어떤 종류의 자극원에 대한 생리적인 반응이다. 따라서 재채기는 생체방어반응이라고 할 수 있다. 재채기를 함으로써 인간은 코와 머리를 맑게 하고, 온몸의 세포에 산소를 보낸다. 담배를 피울 때나 코카인을 마셨을 때의 생리적 효과와 마찬가지인 셈이다.

어떤 사람이 '눈을 감지 않고 재채기를 할 순 없을까?' 란 의문을 품은 나머지 실험을 해보았다. 재채기를 할 때 어떻게 해서든지 눈을 크게 뜨고 있으려고 했다. 그러나 결과는 백전백패. 아무리 마음을 굳게 먹어도 재채기를 할 때마다 순간적으로 눈을 감을 수밖에 없었다.

재채기를 할 때 순간적으로 눈을 감는 이유에 대해서는 크게 두 가지 설이 있다. 하나는 재채기를 할 때 순간적으로 몸의 기능이 정지하며 눈에 큰 스트레스가 걸리기 때문이라는 주장이다. 실제로 재채기를 할 때는 다른 동작을 전혀 할 수 없다. 또 한 가지는 안구(눈알)가 튀어나오는 것을 방지하기 위해서라고 한다. 재채기를 할 때 입에서 침이 튀어나오는 속도로 미루어 눈알이 튀어나올 수 있는 가능성도 무시할 수 없다는 점이다.

그러나 그 어느 이유도 재채기를 할 때 눈을 감게 되는 정확한 이유로 공인되지는 못했다. 만약 정신력으로 자신의 육체를 자유자재로 움직이는 사람이 있어 눈 뜨고 재채기하는 실험에 성공한다면 그 의문이 해결될지도 모른다. 그 결과 장님이 되어 버리는 불행한 일이 일어날지도 모르지만.

 여성들은 아마 이 문제를 심각하게 생각할 것이다. 그래서
여러 화장품을 써보기도 하고 에어로빅이나 마사지로 눈 밑
이 처지는 속도를 늦추려고 애를 쓴다. 그러나 나이가 들면
들수록 눈 밑이 처지는 현상은 너무나 공식적이어서 어떤 여
성들은 오히려 그것을 노련미, 심지어는 성숙미의 표현으로
여기는 경우도 있다.

 우선 눈 밑이 처지는 원인이라고 말해지는 것을 나열해보
자.

 1. 유전설-말 그 자체다. 아침에 너구리 같은 얼굴을 하고
있는 것이 밤새 공부했다거나 술판을 벌였다는 증거가 아니
라 부모나 조부모에게 문제가 있는 것이다. 선천적으로 눈 주
위에 지방이 모여 있거나 수분이 고여 있는 것이다.

 2. 수분보유설-눈꺼풀의 피부는 다른 곳의 피부보다 얇고
부드럽다. 그 두께는 '평균' 피부 두께의 4분의 1에 지나지 않

는다. 수분은 피부의 얇은 곳에 고이려는 경향이 있다. 그 결과로 눈 밑에 수분이 모인다는 것이다.

그러면 어떤 원인으로 수분이 고이는 것일까? 범인은 주로 약품, 신장이나 간장의 질환, 염분 과다 섭취, 그리고 자주 있는 알레르기다. 피부과 전문의나 알레르기 전문의가 받는 상담 가운데 가장 높은 비율을 차지하는 것이 화장품과 피부 트러블이다. 마스카라나 아이라이너에 의한 알레르기가 눈 밑 처짐을 만드는 상습범이다.

3. 노화설-나이가 들수록 피부가 처지며, 특히 눈 주위가 심하다. 단지 수면부족이나 피로가 쌓여서 뿐만 아니라 나이가 들어감에 따라 자연히 눈 밑 처짐이 생기는 것이다.

4. 너무 웃거나 찡그려서 생긴다는 설-이런 표정을 너무 지나치게 하면 눈 끝에 까마귀 발자국이 생기고 눈 처짐도 생긴다. 그러나 이것은 무시해도 좋을 만큼 미약한 원인에 불과하다.

이와 같은 원인 가운데 눈 밑의 처짐 현상은 가장 크게는 나이와 관계가 있다고 할 수 있다. 그렇지만 위에서 말한 네 가지 가운데 어떤 것이 주범이라고 딱 부러지게 이야기할 수 있을 정도로 정확하게 밝혀진 것은 아니다. 다만 노화현상과 더불어 수분이 고이는 것을 중요한 원인으로 꼽을 수 있을 듯하다.

그래서 어떤 의사는 너무 고민하지 말라는 뜻으로 눈 밑이 처지는 원인을 다음과 같이 말하고 있다. '눈 밑의 둥근 원(눈 밑이 처지면 생기는)은 아마도 머리 위로부터 빛을 받아 그림자가 생긴 것이 아닐까?'

매년 열리는 반창회나 동창회는 그다지 재미가 없다. 10년
만에 처음으로 동창회가 열려 그동안 전혀 보지 못했던 클래
스메이트를 만났을 때, 서로의 변한 모습들을 보며 깜짝 놀란
다.

배불뚝이가 된 친구도 있고, 대머리도 있다. 어떤 친구는 벌
써 흰머리가 나기도 했지만 어렸을 적의 얼굴 모습은 반드시
남아 있기 마련이다.

그런데 만나자마자 "어이 반갑군" 하고 말은 하면서도 '얼
굴도 생각나고 어떤 친구인지는 알겠는데 도대체 이름이 뭐
지?' 하고 열심히 기억을 더듬는 경우가 많다. 그러나 이름은
생각나는데 얼굴은 잘 모르는 경우는 별로 없다.

사람의 뇌에는 좌뇌와 우뇌가 있어 각각 다른 역할을 맡고
있다는 것은 잘 알려진 사실이다. 이름은 논리를 담당하는 좌
뇌가 기억하고 시청각 정보인 얼굴은 이미지를 담당하는 우

뇌가 기억하고 있을 것이다. 물론 사람에 따라 어느 쪽이 발달했는가의 차이는 있다. 수학적 사고가 뛰어난 사람은 좌뇌가 발달했다고 할 수 있다. 이런 경우 사람의 얼굴보다는 이름을 기억하고 있을지도 모른다. 그러나 우리나라 사람들 대부분은 우뇌를 많이 사용하는 편이다. 논리에 약하다고 하는 것도 이 때문일 것이다. 따라서 이름은 잊어버려도 얼굴은 생각이 난다.

대개 이런 경우 사람들은 어떻게 대처할까? 사람을 앞에 두고 '이름을 잊어버렸는데……' 하는 것은 대단한 실례다. 지금 무슨 일을 하는지를 묻고 명함을 달라고 해서 상대편의 이름을 확인하는 것도 좋은 방법이다.

사람의 몸 가운데 가장 불결한 곳은 어디일까

사람의 몸은 세균 덩어리다. 장 안에는 수많은 미생물이 있어 소화를 돕는다. 또한 피부에도 눈에 보이진 않지만 셀 수 없을 만큼 많은 미생물들이 살고 있다.

그러면 신체 중에서 가장 불결한 곳은 어디일까? 답을 말하기 전에 먼저 이 '불결'이란 단어에 대해 생각해보자. 사람에 따라 어떤 것이 불결하다고 느끼는가는 다르기 마련이다. 여기에서는 가장 세균이 많은 곳이라고 정의하자. 이제 밖에서 하루 종일 일하다가 집에 돌아와 샤워를 하기 직전의 사람 몸 가운데서 가장 불결한 곳이 어디인가를 찾아보자.

항문, 혹은 비뇨기관이라고 생각하는 사람들이 많이 있겠지만 생각만큼 불결하지는 않다. 일을 본 후에 빈틈없이 깨끗하게 처리하기 때문에 남아 있는 세균은 거의 없다. 머리카락에도 먼지와 기름기가 많이 묻어 있지만, 그것도 특별하게 먼지투성이인 곳에서 일을 하지 않는 이상 그렇게 더러운 곳은 아니다.

세균이 가장 많이 득실대는 곳은 바로 발이다. 구두를 신고 있는 부분, 특히 발가락 사이다. 세균 수는 손에 있는 것의 700~1,000배쯤 된다. 이것은 구두 안이 따뜻한 온도로 일정하게 유지됨으로써 세균이 가장 번식하기 쉬운 곳이기 때문이다.

따라서 팬티는 매일 갈아입지 않는다 할지라도 양말만은 매일 새로운 것을 신는 것이 좋다.

사람의 키는 개인차가 있지만 대체로 사춘기가 끝날 무렵에는 더 이상 자라지 않게 된다. 그 결과 170cm에 못 미치는 남성들 가운데는 '나는 왜 이 정도밖에' 라는 탄식을 내뱉는 사람도 있을 것이다.

그러나 아직 단정 짓기에는 이르다. 구 소련의 정형외과 의사인 A. 패리코 박사는 다음과 같은 트레이닝과 식생활을 실시하면 어른이 되어서도 키가 클 수 있다고 한다.

◆ 여러 가지 근육계통의 종합적 트레이닝으로 근육과 관절을 유연하게 하고 척추와 다리를 늘려준다. 목 부분 강화를 위해 트레이닝을 실시한다.

◆ 성장을 촉진시키기 위해 근육마사지와 온열요법을 실시한다.

◆ 식물성 식품을 골고루 섭취함으로써 신진대사를 활발히 하고 활력을 키운다. 특히 신선한 야채, 과일, 호밀빵, 곡물을

원료로 한 죽 같은 식품이 좋다.

　◆ 음주, 흡연은 완전히 끊는다.

　이상과 같은 방법을 충실하게 실행하면 유전과는 무관하게 누구나 10%는 더 클 수 있다.

키를 크게 하기 위해 목을 늘린다면 어느 정도까지 늘릴 수 있을까?

사람의 목뼈는 일정 수준 이상으로 늘어나면 빠져버린다. 그런데 현대 미술가나 만화가는 여성의 목을 강조하기 위해 해부학적으로 가능한 수준 이상으로 목을 늘리곤 한다. 미얀마의 카렌족은 인위적으로 놋쇠를 끼워 목을 늘렸는데 약 30cm에 달하는 긴 목도 있었다. 그러나 이들은 놋쇠를 빼면 머리의 무게를 목이 지탱하지 못해 죽어버린다.

피그미족은 왜 150cm 이상 자라지 않을까

현대인들은 과거의 사람들보다 키가 크다. 한국인도 1970년대보다 약 10cm 가량 평균신장이 커졌다. 그러나 아프리카 열대의 피그미족은 여전히 150cm의 한계를 뛰어넘지 못하고 있다. 그들은 어떤 이유로 그렇게 키가 작을까?

피그미족들은 남자 성인이 150cm, 여자는 135cm 정도밖에 키가 자라지 않는다. 어째서 피그미족들이 작은가 하는 이 문제는 오랜 동안 인류학자의 수수께끼였다. 더구나 함께 생활하는 반투족은 똑같은 성분의 식사를 하고 성장호르몬의 분비량도 비슷하며 심지어 혈액형도 유사했다. 그럼에도 반투족은 키가 컸고 피그미족은 키가 작았다.

의문의 실마리가 풀리기 시작한 것은 1981년이었다. 취리히 대학 루디 프뢰시 교수는 IGF로 약칭되는 중요한 호르몬 집단이 성장에 필수적인 요소이며 이것이 존재하지 않을 때는 성장호르몬이 제 기능을 발휘하지 못한다는 사실에 주목

해 피그미족을 연구했다. 그는 피그미족에게 호르몬 집단의
중요한 요소인 IGF-1이 생산되도록 성장호르몬을 주사했다.
그러나 혈액검사 결과 그들의 피에는 반응이 전혀 일어나지
않았다. 어떤 이유에선지는 몰라도 피그미족에게는 IGF-1가
생산되지 않았다. 따라서 피그미족은 성장할 수가 없었던 것
이다.

피그미족이 키가 작은 이유는 밝혀졌다. 그러나 그들의 키
를 다시 크게 할 수 있을지는 아직 모른다. 그 단계까지는 아
직 많은 문제가 남아 있는 것이다.

수술이 길어질 때 의사와 간호사는 화장실에
가고 싶지 않을까

마취된 상태에서 편안하게 잠자고 있는 것처럼 보이지만 기
본적으로 몸에 칼질을 당하고 있기 때문에, 수술중인 환자는
체력이 상당히 소모된다. 몸속의 일부를 밖으로 드러내는 것
이 가급적이면 짧을수록 좋은 것은 당연한 이야기다.

그런데 곰곰이 생각해보면 집도를 하고 있는 의사도 큰일이
다. 간단히 마무리될 수술도 있겠지만 어떤 경우는 5시간이나
6시간을 넘는 대수술도 있다. 수술 중에 계속 서 있는 것만 해
도 큰일인데 환자의 생명을 구하기 위해서는 자신의 모든 신
경을 집중시키지 않으면 안 된다.

당연히 배도 고프고 목도 마르다. 그 정도는 어떻게 견딘다
해도 배설의 문제는 어떻게 처리할까? "잠깐, 화장실 좀……"
이란 말은 있을 수 없는 일이다. 간호사나 조수는 도중에 교
대할 수도 있지만 집도의, 주치의는 그 자리를 지키고 있어야
한다.

그렇다면 그 전날부터 물도 먹지 않고 중간에 화장실을 가지 않도록 온갖 노력을 다해야 할까? 하지만 미처 그런 준비를 못했다면?

너무 그렇게까지 심각하게 고민할 필요는 없다. 누구나 경험해 본 것처럼 어떤 일에 집중하고 있을 때 우리 몸은 의외로 그러한 생리적 현상을 쉽게 잊어버리게 된다. 따라서 의사나 간호사들이 수술 도중에 화장실에 가고 싶다거나 하는 생각이 떠오르는 경우는 거의 없다고 한다.

잠을 자지 않으면 얼마 만에 죽을까

과학자들은 때로 잔인해진다. 그들은 잠이 사람에게 어떤 영향을 미치는가를 조사하기 위해 며칠씩 잠을 재우지 않기도 한다. 실제로 19세기 말에 만들어진 어떤 보고서는 강아지를 4~6일 동안 재우지 않았더니 죽어버렸다고 한다. 그러나 어떤 잔인한 과학자도 '잠을 자지 않으면 사람이 얼마 만에 죽을까?' 라는 질문의 해답을 찾기 위해 실험을 끝까지 밀고 나가진 않았다. 따라서 이 질문은 영원한 숙제인 셈이다.

현재까지 알려진 바로는 잠을 자지 않고 버틴 최장시간은 264시간이다. 꼬박 11일 동안 자지 않은 것이다. 이 기록을 세운 사람은 랜디 가드너라는 17세의 소년인데 그는 연구자들이 지켜보는 가운데 11일을 버텼지만 아무런 정신상의 결함도 나타나지 않았다. 그는 가끔씩 시내에도 나갔고 연구자들과 전자오락 게임도 즐겼는데 연구자들은 번번이 그에게 졌다. 그는 정확히 264시간 12분이 지난 후에 잠을 잤는데 14시간 40분을 자는 것만으로 기운을 회복했고 그 다음 24시간을 깨어 있은 후 다시 8시간을 자는 것으로 정상적인 생활을 되찾았다. 깨어난 후 사람들이 어떻게 그 긴 기간을 자지 않고 버틸 수 있었는지 비결을 묻자 17세의 이 용감한 소년은 정신력이라고 대답했다.

과학자 앨런 렉트샤펜은 그의 저서 『잠의 통제』에서 '잠은 인류의 진화과정에서 벌어진 최대의 실수'라고 말한다. 하루 1/3이나 되는 시간을 잠으로 보내야 하면서도 잠이 구체적으로 인간을 도와주는 내용이 없다는 것을 알면 이런 말이 나올 만도 하다. 많은 과학자들이 잠이 인간에게 어떤 활기를 주는가를 연구했지만 아직 별 성과가 없다.

왜 잠을 자는가? 우리는 결국 이렇게 대답할 수밖에 없다. '피곤하니까.'

잠을 자지 않으면 언젠가 죽을지도 모른다. 그러나 아직 잠을 자지 않아서 죽은 사람은 없다. 어쩌면 인간은 영원히 잠을 자지 않아서 죽는 일은 없을지도 모른다. 오묘한 인간의 신체는 아직 우리에게 밝혀지지 않은 어떤 이유로든 잠을 자려고 하지 않는 자에겐 잠이라는 강력한 무기를 선사할 테니까 말이다.

지능이 높은 사람과 낮은 사람 중에 누가 더 많은 영양분이 필요할까

지능이 높은 사람은 동일한 문제를 다른 사람보다 빨리 풀 수 있다. 이때 지능이 높은 사람은 보다 빠르게 뇌가 회전할 터이고 그렇다면 지능이 낮은 사람보다 많은 영양분을 소모하는 것은 아닐까?

미국 캘리포니아 대학의 리처드 헤이어 박사는 지능이 높은 사람이 얼마만큼의 영양분을 소비하는지를 조사했다. 그는 자원자를 대상으로 추리문제를 내주고 그 문제들을 푸는 동안 수험자들이 얼마나 많은 포도당을 소비하는지를 측정했다.

그 결과는 우리를 놀라게 할 만하다. 지능이 높은 사람일수록 더 적은 포도당을 사용했다. 왜냐하면 지능이 높은 사람은 극히 작은 부위에서 집중적으로 포도당을 사용했기 때문이다.

반면에 지능이 낮은 사람은 질문의 해답을 찾기 위해 뇌의 모든 부분을 찾아다녀야 했다. 따라서 그는 많은 영양분이 필요했다.

리처드 헤이어 박사의 결론은 가장 효율적인 신경회로를 가진 뇌는 최소의 포도당을 이용한다는 사실이다. 필요 이상의 영양분이 있어도 뇌는 사용하지 않는다.

사고를 하는 뇌에 필요한 영양분은 포도당이다. 그 밖에 단백질도 필요하다. 흔히 물고기를 먹으면 머리가 좋아진다고 하는 이유는 물고기에 단백질이 많이 포함되어 있기 때문이다.

그러나 이런 영양분을 많이 섭취한다고 해서 머리가 좋아지지는 않는다. 일정량 이상의 영양은 비만을 촉진할 뿐이며 뇌는 필요한 영양분 이상은 섭취하지 않는다.

만약 뇌가 원하는 영양분이 충분히 공급되지 않으면 신체의 다른 부위에 필요한 영양분을 뇌가 우선적으로 빼앗아온다. 그래서 굶거나 신경을 많이 쓰면 야위어지게 된다.

영하 30도의 공기를 들이마셔도 폐가
얼어붙지 않는 이유는

콧구멍을 통해서 안으로 들어온 공기는 그냥 폐 안으로 들여보내도 좋을 만큼 이상적인 상태일 경우가 아주 드물다. 폐는 공기에 대해 매우 까다로운 기관이다. 폐 안으로 들어가는 공기는 섭씨 35도에 습도 95%, 그리고 무엇보다 먼지가 없어야 한다. 그러면 맹추위로 얼어붙은 공기를 마실 때 우리 폐가 얼어붙지 않는 까닭은 무엇일까?

2차 세계대전 당시 어느 조종사가 겪은 일이다. 비행 도중 조종실의 유리덮개가 갑자기 떨어져 나갔다. 이 비행사는 비행장으로 돌아가기 위해 영하 30도의 공기를 시속 2백 마일로 2시간이나 날아야 했다. 결국 그의 얼굴조직은 동상으로 엉망진창이 되었다. 그러나 놀랍게도 그의 폐는 목구멍이 약간 따끔거릴 정도의 통증 이외엔 아무 이상도 발견할 수 없었다.

코는 폐에 부적합한 공기를 적당한 공기로 만들기 위해 하루 종일 일을 한다. 코의 내막에는 점막이 덮여 있고 거기에는 섬모라는 미세한 털이 수백만 개나 박혀 있어 점막에서 분비하는 점액질을 목구멍 뒤로 흘러내리게 한다. 이 과정은 약 20분 가량 걸리는데, 이때 콧구멍으로 들어온 공기는 점액질을 통과하면서 점차 온도와 습도가 높아지고 먼지는 쓸려 나가 폐가 받아들일 수 있는 공기로 바뀐다.

　오늘날엔 추위보다 더 무서운 적이 생겼다. 1km 앞이 안 보이는 서울 대기오염 상태는 코에겐 추위보다 훨씬 어려워 코가 제 역할을 다 못해 우리의 폐가 나날이 망가져 가고 있다. 사람은 스스로를 파괴하는 데엔 어떤 동물보다도 탁월하다.

선사시대 사람에게 코는 냄새를 맡기 위한 기관이라는 것이 가장 중요한 역할이었을 것이다. 그러나 오늘날 코는 냄새보다는 호흡을 하기 위한 역할이 더 중요하다. 산소는 코에서 기관(氣管), 기관지, 폐, 심장, 혈액으로 보내지고 최종적으로는 산소와 이산화탄소가 교체된다.

막힌 코가 번갈아 뚫릴 수 있는 것은 코의 반사시스템에 의한 방어작용 때문이다. 좌우의 폐는 '두 개인 코'의 한쪽으로 각각 컨트롤된다. 따라서 잠시 한쪽의 콧구멍으로 산소가 유입되지 않으면, 대응하는 폐가 잘 움직이지 않게 된다. 그래서 코 막힘은 양쪽 코로 번갈아가면서 진행되는 것이다.

코의 내부에서 존재하는 훌륭한 반사시스템은 심장, 그리고 간접적으로는 체내의 모든 세포에 자극을 보낸다. 이 반사작용은 폐의 기능을 높이고 심장의 효율적인 운동을 촉진하는 기능을 갖고 있다.

코 막힘이 좌우로 번갈아 일어나는 현상을 보다 잘 알 수 있는 방법은 수면 중의 몸 뒤척임을 관찰하는 방법이다.

자고 있을 때 사람의 몸은 대폭적으로 움직임이 줄어든다. 즉, 심장의 고동은 늦어지고, 폐는 적은 공기로도 그 기능을 발휘할 수 있다.

환자가 옆으로 누워 자면, 아래에 있는 코는 호흡하기에 좋지 않은 상태가 된다. 코를 뚫기 위해서는 다시 몸을 바꿔 반대쪽으로 누워야 한다. 잠시 있으면 이번에는 다른 한쪽이 상태가 나빠지므로 마찬가지로 똑같은 상황이 되풀이된다.

옆으로 누워 잘 때, '위쪽의 코'는 숨 쉬고 냄새 맡는 모든 일을 혼자서 담당해야 하므로 피곤하기 짝이 없다. 의사들의 견해에 따르면, '콧구멍 하나는 1시간 내지 3시간 정도 활동하면 피곤해진다. 따라서 체내의 압력이 높아져, 사람은 잠을 자다가도 머리의 방향을 바꾸게 된다. 그러면 몸도 자연히 방향이 바꾸어진다. 이렇게 하여 몸 전체-코, 가슴, 배, 머리, 팔, 다리는 하나씩 번갈아가며 쉬게 된다.'

코가 이렇게 영리하다는 것을 제대로 알고 있는 사람은 드물다. 사실 우리 신체의 모든 부위는 코만큼 영리하게 환경에 적응하고 서로 협조한다. 자신의 신체에 대해 의문을 품고 연구해보라. 자신의 신체에 대한 자부심이 놀랍도록 향상되는 것을 느낄 수 있다.

보조개는 왜 있는 것일까

　'뺨에 보조개가 있는 사람은 절대로 살인을 저지르지 않는다' 라는 서양속담이 있다. 이렇듯 보조개는 선함과 순진함을 상징하는 것이기도 하다. 또 막 피어나는 꽃봉오리 같은 피부를 가진 여성에게 보조개까지 있다면 금상첨화라고 할 수 있다. 그런데 보조개는 모든 여성에게 있는 것이 아니어서 보조개가 없는 여성들로 하여금 은근한 질투심을 품게 하기도 한다.

　보조개는 뺨에만 있는 것일까? 이것은 잘못 알고 있는 것이다. 실제로 보조개는 뺨에만 있는 것은 아니다. 턱, 팔꿈치, 어깨, 배, 엉덩이 등 신체 곳곳에 보조개가 생길 수 있다.

　보조개는 보통 사람들과는 다른 신체적 결함이 있어 생기는 것이지 신이 특별히 사랑해서 준 선물은 아니다.

　신체 부위별로 그 원인을 살펴보면 뺨이나 턱의 경우는 근육이 피부 밑부분, 즉 진피에 직접 붙었을 때 생긴다. 팔꿈치,

어깨, 배 등은 섬유대(纖維帶)에 의해 피부가 뼈에 직접 붙었을 때 그러한 패임이 생긴다. 보조개가 가장 생기기 쉬운 형태는 피부가 밑에 있는 뼈에 꽉 붙어 있는 경우이다.

해부학자들은 이렇게 피부가 뼈에 붙거나 근육이 붙는 이유를 '피부를 뼈에 연결하는 결합조직이 발육과정에서 장애를 일으킨 결과 생긴 것'이라고 생각하고 있다.

따라서 보조개는 정상적인 신체발달을 하지 못한 사람들에게 나타나는 신체적 결함이며 보조개가 없는 사람이 오히려 정상적인 것이다. 그렇다고 해서 보조개가 있는 여성이 아름답다는 일반적인 이미지가 사라지는 것은 아니겠지만.

배가 고플 때 뱃속에서 나는 소리의 정체는?

보통 위가 수축하는 소리라고 생각하기 쉽지만 공기가 이동하는 소리다. 위가 대뇌의 명령을 받아 수축운동을 할 때 뱃속이 비어 있으면 공기가 움직여 위의 좁은 출구에서 압출된다. 바로 이때 소리가 난다.

문신을 한 사람의 때는 어떤 색일까?

갈색계통의 보통 색깔을 가진 때가 나온다. 때는 피부의 가장 바깥쪽인 표피가 변한 것이므로 각질화된 표피보다도 아래층에 색을 이식시켜 놓은 문신과는 아무 관계가 없다.

수니파와 시아파는 어떻게 다를까?

이슬람교를 창시한 마호메트의 사망 후 마호메트와 혈연관계가 없는 네 사람이 차례로 칼리프로 선출되었다. 하지만 신도들 사이에서 이 네 사람을 정통 칼리프로 인정할 것인가, 인정하지 않을 것인가를 두고 분열을 하게 되었다. 이들을 정통 칼리프로 인정한 신도들이 수니파이다. 반면 마호메트와 혈연관계가 이어지지 않은 사람은 정통 칼리프가 될 수 없기 때문에 마호메트의 사촌동생이며 사위인 알 리만이 정통 칼리프라고 주장한 신도들이 있었는데 이들이 시아파이다. 이렇게 분열된 시아파와 수니파는 현재까지도 서로를 인정하지 않으며 반목하고 있다. 수니파와 시아파는 이슬람교의 2대 종파이다.

왜 마녀들은 화형을 당했을까?

16세기와 17세기에 걸쳐 영국과 대부분의 유럽제국에서는 마녀소동이 요란스럽게 벌어졌다. 대부분의 마녀는 화형을 당했다. 중세 기독교국가에서는 화장이 몇 세기 동안 법으로 금지되어 왔다. 이는 최후의 심판일에 대한 신앙과 내세에도 육신이 필요하리라는 생각이 깔려 있었다. 마녀들을 화형에 처한 이유도 이와 같은 이유 때문이다. 마녀의 몸과 혼을 함께 파괴해 육신의 부활을 철저히 막으려고 했던 것이다. 사실 유럽에서 화장이라는 장례방식을 받아들이기 시작한 것은 채 백년도 되지 않는다고 한다. 동양에서의 화장의 의미는 혼이나 넋은 솟아오르는 불길을 타고 하늘로 올라가도록 하고, 육신은 지상을 방황하지 않도록 없애는 의미를 갖고 있다.

이집트인들은 왜 미라를 만들었을까?

이집트인들은 미라를 만들 때 시신의 배를 갈라 심장을 뺀 모든 장기를 제거한 후 시신의 몸에 천연타산소다 결정을 몸에 바르고 붕대를 몸 전체에 감았다. 이렇게 미라가 완성되면 사망한 사람의 초상화를 관 덮개에 얹고, 내세의 평안을 기원하는 내용의 글로 관을 장식했다. 이집트인들이 이렇게 미라를 만든 이유는 사람이 죽은 뒤에도 육신을 가지고 영원히 살 수 있다고 믿었기 때문이다. 이집트에서는 사람뿐 아니라 고양이의 미라도 많이 발견되었다. 베니하산의 바스트 여신에게 바쳐진 신전 터에서 발견된 고양이 미라는 그 수가 무려 30만 개나 되었다고 한다. 그런데 고양이 미라의 일부는 그 안에 뼛조각 몇 개만 들어 있는 경우가 있었다. 제물로 바칠 고양이가 부족해 한 마리를 분해해 여러 개의 미라로 만들었기 때문이다.

곤충은 어떤 색을 좋아하나?

각각 색깔이 다른 꽃을 가지고 실험해본 결과 청색에서 자주색 계열의 꽃을 좋아하는 것으로 나타났다. 청색과 자주색은 자외선과 비슷한 색인데 원래 곤충들이 이 자외선을 좋아하기 때문이다.

새는 뒤로 날아갈 수 있을까?

새는 앞으로 날아가는 것이 자연스러운 자세다. 뒤로 가려면 방향전환을 하면 된다. 그런데 별로 상황이 좋지 않아 방향전환을 하기에는 움직임이 너무 클 때는 일부 새들이 뒤로 날아가는 경우가 있다. 제비가 그렇다. 날아가면서 새끼에게 모이를 주기 위해 전후로 미묘하게 움직여 위치를 조정한다. 하지만 매우 조금밖에 움직이지 못한다는 결점이 있다.

코브라와 방울뱀의 독은 어떻게 다를까?

방울뱀은 예리한 이빨로 적에게 독을 가한다. 방울뱀의 독은 모세혈관을 타고 움직이며 신체조직을 녹여 버리고 파괴한다. 한편 코브라는 혈관이 아닌 신경에 작용해 신경계를 파괴한다. 따라서 코브라에게 물리면 기관의 기능이 정지되고 호흡곤란과 심장마비에 빠지게 된다.

하품을 해서 인간은 무엇을 충족시키는 것일까?

공기를 들이마시기 위해서라는 주장이 나왔었지만 물고기는 물속에서도 하품을 하므로 이것은 사실이 아니다. 팔이나 어깨를 쭉 펴고 하품을 함으로써 심장박동을 증진시키고 이에 따라 뇌에 피를 더 보내려는 행위라는 주장도 있지만 이것도 만족할 만한 주장은 아니다. 하품을 왜 하는가는 아직도 수수께끼다.

생각하지 않은 수의 세계

　사람의 허파가 좌우 2개라는 것은 누구나 알고 있는 사실이다. 그렇지만 허파의 무게를 알고 있는 사람은 그리 많지 않을 것이다. 성인 남자의 경우 오른쪽은 625g, 왼쪽은 600g이다.

　물론 크기도 오른쪽과 왼쪽이 조금 다르다. 왼쪽의 허파가 조금 더 작은 편이다. 실제로 오른쪽과 왼쪽의 용적비는 약 4대 3 정도다. 오른쪽 허파는 흉막에 의해 상엽, 중엽, 하엽이라는 3개의 폐엽으로 나누어져 있는데 비해 왼쪽 허파는 상엽, 하엽의 2개밖에 없다.

　이것은 몸의 왼쪽에 심장이 있기 때문이다. 그렇지만 심장이 완전히 왼쪽에 위치해 있다는 뜻은 아니다. 약간 왼쪽으로 기울어져 있을 뿐이다. 한가운데서 왼쪽으로 전체의 2/3가 있고 나머지 1/3은 중앙에서 오른쪽에 있다. 공간의 문제에서 보더라도 왼쪽 허파는 오른쪽에 비해 작을 수밖에 없는 것이다.

 권총으로 허파를 쏜다고 해도 맞은 사람이 가슴 위를 누르고 있기만 하면 호흡은 할 수 있다. 그렇지만 허파에서 약간이라도 빗나가 심장을 맞힌다면 그 순간 죽음을 면할 수는 없다.

많은 사람들은 조금 깊게 생각해보고 이 문제에 대해 양쪽 모두 똑같다고 답할 것이다. 깊게 생각해보지 않은 사람이라면 1톤의 금이 더 무거울 것이라고 답할지도 모른다.

그러나 답은 1톤의 나무가 더 무겁다. 어, 왜 그렇지? 똑같은 1톤인데 나무가 더 무겁다니. 당연히 이런 의문이 나올 것이다.

아르키메데스의 원리를 알고 있는 사람은 많이 있을 것이다. 목욕탕에 들어가면 몸의 부피만큼 물이 흘러나오는 것이 힌트가 되어 발견된 유명한 원리다. 실은 공기 중에서도 이 원리가 작용하고 있다. 결국 공기 중에 있는 물체는 그 부피에 의해 배제된 공기의 중량만큼 자신의 중량을 잃게 된다.

다시 말하면 공기 중에서 1톤이라는 중량을 갖기 위해서는 공기만큼 상실된 중량을 가산하지 않으면 안 된다는 사실이다. 금과 나무의 경우에는 당연히 나무쪽이 부피가 크기 때문에 결국 나무가 더 무겁다.

계산하면 그 차는 2.5kg이다. 공기의 무게라고 해서 무시할 정도는 아닌 것이다.

밀로의 비너스 사이즈를 아십니까

위대한 예술작품을 저속한 흥미를 가지고 감상한다는 것은 매우 불손한 일일지도 모르겠다. 예를 들어 밀러의 비너스 상의 사이즈를 알고 싶다고 이리저리 둘러보는 것은 예술을 감상하는 태도가 아니라고 화를 내는 사람도 있을 수 있다.

그러나 밀로의 비너스 경우는 그 모습이 서양의 미인 콘테스트 심사기준이 된다는 점에서 이 관심을 단순히 저속한 것으로만 치부할 일도 아니다. 다음은 실측과 유추(밀로의 비너스는 양손이 없고, 자세가 약간 앞으로 굽어져 있기 때문에 약간의 유추가 필요하다)에 의한 비너스 상의 신체 사이즈다

	비너스	마릴린 먼로
◆ 바스트	약 94cm	90cm
◆ 웨스트	약 66cm	60cm
◆ 히프	약 96cm	90cm

바스트 형태는 지금 우리들이 흔히 이야기하는 사이즈로 D 컵쯤 될 것 같다.

그리고 키는 약 168cm, 몸무게는 약 60kg이다. 오늘날의 패션 모델에 비하면 약간 살이 많은 편이지만 여자는 역시 이 정도의 볼륨이 있어야 한다는 남성도 많이 있으니 그리 실망할 일도 아니다.

미국의 수학자 카스너는 10의 100제곱, 즉 0이 100개인 수를 구골(googol)이라 부르고 이 수의 크기를 전체 우주의 원자 수를 합산을 통해 추출해낸 숫자라고 설명했다.

이에 따르면 구골은 전체 우주에 존재하는 원자의 수보다 많다고 한다. 이 말은 쉽게 상상이 가지 않는데 결국 이런 의미라고 할 수 있다.

이 우주는 100억 개의 은하를 가지고 있으며, 각각의 은하는 1,000억 개의 항성으로 이루어졌다고 한다. 전 우주의 질량은 $(2 \times 10^{33}g \times 10^{22} = 2 \times 1055g)$ 이다.

나아가 1g 속의 원자 수는 6×10^{23}이기 때문에 전 우주의 원자 수는 $2 \times 6 \times 1055 \times 10^{23} = 12 \times 1078$이다. 결국 10의 100제곱이라는 1구골은 전체 우주의 원자 수보다도 큰 숫자라는 뜻이다.

이 숫자가 도대체 무엇을 가리키고 있는가도 불확실한데, 카

스너는 이보다 더 큰 숫자를 고안해 구골플렉스(googolplex)라
는 이름을 붙였다. 이 숫자는 10의 구골제곱으로 '10의 「10 제
곱」제곱'이다.

　이 숫자에 관해 카스너는 '여러분이 모든 성운을 돌고 가장
멀리 있는 항성까지 가면서 도중에 1인치마다 숫자를 센다고
해도 이 숫자에는 미칠 수 없다' 라고 설명하고 있다.

　보통 사람으로서는 상상도 할 수 없을 만큼 큰 숫자인 것만
은 틀림없다.

서양 사람들의 콘돔과 우리나라 사람의 콘돔 크기는 똑같을까

전 세계를 공포로 몰고 있는 현대의 흑사병, 에이즈에 대한 예방용품으로 각광을 받았던 것이 콘돔이다. 그런데 전 세계 적으로 애용되고 있는 이 콘돔의 사이즈에는 어떤 것들이 있을까?

먼저 길이를 살펴보자. 앞에 정액을 모아두는 부분이 있는 것은 이 부분을 제외하고 15cm 이상, 이 부분이 없는 것은 16cm 이상이다.

폭에는 별다른 규정이 없다. 각 메이커별로 독자적으로 결정하는데 보통 좁은 것은 36mm, 표준은 38mm, 넓은 것은 40mm의 3종류가 있다. 물론 이외에도 조임감을 강하게 하기 위해 실측치보다 3mm 정도 직경을 작게 한 32mm 짜리도 있다.

어떠한 콘돔을 사용하는가는 사용하는 사람의 자유지만 자기 나름대로의 즐거움을 맛보기 위해서는 각각의 효과가 어편지를 실험해 보는 것도 좋은 방법이다.

　미국이나 유럽을 대상으로 한 수출용 콘돔은 길이가 20cm에 달한다. 놀라운 것은 섹스의 선진국이라고 불리는 스웨덴을 대상으로 한 제품은 길이가 23cm에 달한다는 사실이다.

최근 우리나라에서도 이혼 소송이 급증하고 있다. 이혼 사유도 매우 다양하다. 과거에는 경제적 문제라든가 고부간의 갈등이 주요한 이혼 사유였지만 최근에는 부부간의 갈등이 많은 비중을 차지하고 있다. 부부간의 갈등도 예전에는 아내의 불륜이 훨씬 많았던데 비해 최근에는 남자의 외도가 점차 이혼 사유로 그 비중이 높아가고 있다. 그렇지만 간통죄가 폐지되면서 최근 이혼 사유가 배우자의 부정 때문인지는 정확히 밝혀지지 않게 되었다.

그런데 '아무리 애를 써 봐도 남편이나 아내가 그냥 싫기만 하다' 같은 이혼 사유로는 재판정의 인정을 받기가 힘들다. '결혼생활을 계속할 수 없는 중대한 이유가 있을 경우'라야만 이혼이 인정되기 때문이다.

이러한 판단을 내리는 것은 법관이다. 법관을 납득시킬 수 있는 '중대한 이유'에는 과연 어떤 것이 있을까? 예를 들어

'임포로 인해 섹스의 능력이 없다'는 것은 중대한 이유로 인정될 수도 있다. 또한 사디즘이나 마조히즘과 같은 변태행위가 있으면 이혼이 인정된다.

그런데 일본의 판례이긴 하지만 불가사의한 일이 있다. '거근', 즉 거대한 페니스가 이혼의 중대한 사유로 인정되는데 반해 작은 페니스는 이혼 사유로 인정되지 않는다는 사실이다. 다시 말하면 거근으로 인한 '섹스의 고통'은 이혼 사유가 되지만 작은 페니스로 인한 '섹스상의 불만'은 이혼 사유가 되지 않는다.

중화요리만큼 오묘한 깊이를 가진 요리는 없다. 무엇을 하든 스케일이 크다. 산에 불을 질러 그 산불로 인해 가장 알맞게 익은 사슴만을 먹는다고 하는 환상의 요리법도 있다.

또한 자신의 아이를 죽여 그 뇌를 요리해 황제에게 바친 요리사도 있다는 중국. 실제로 요리 재료가 아닌 것은 아무것도 없다고 하는 중화요리지만 그 가운데 가장 작은 요리 재료는 무엇일까?

나무의 열매나 씨는 매우 큰 편에 속한다. 가장 작은 요리 재료는 바로 '모기 눈알'이다. 실제 육안으로는 모기 눈알을 거의 확인할 수가 없다. 모기 눈알을 재료로 한 수프는 중국에서도 최고급 요리로 꼽혀 미국 대통령 닉슨이 중국을 방문했을 때 이 요리가 나왔다고 한다.

이렇게 작은 모기 눈알을 어떻게 모을 수 있었을까? 이것이야말로 까다로운 과정이라고 할 수 있다. 모기를 유인하는 향

을 피워 모기를 사로잡는 것과는 비교도 안 될 정도로 재미있
다.

　중국 중경의 한 동굴에는 많은 박쥐가 살고 있는데 이 박쥐
는 모기를 즐겨 먹는다. 그런데 모기 눈알은 소화하지 않고
그대로 형태를 유지한 채 배설물에 섞여서 나온다고 한다. 여
기서 박쥐의 배설물을 모아 매우 가는 체를 이용해 모기 눈알
을 채취한다.

'애마부인'과 같은 우리나라 성인용 에로물에서 한때 가슴 큰 여배우들이 은막을 누비던 시기가 있었다. 보통 이때 여배우들의 가슴은 'D컵 사이즈'가 되어야 글래머나 가슴이 크다는 소리를 들었다.

당연히 바스트는 90cm에 가깝거나 그 이상이다. 외국의 글래머 여배우 가운데는 1m를 넘는 경우도 있다고 한다. 그런데 80cm의 여성도 D컵형이 존재한다.

이것은 컵 사이즈가 단순히 가슴둘레에 의해 결정되는 것이 아니라 바스트의 높고 낮음에 따라 결정되기 때문이다. 즉 언더 바스트에서 톱 바스트의 차가 10cm 이하면 A컵이다. 13cm 이하면 B컵, 15cm 이하가 C컵, 18cm가 D컵이라고 한다.

이것은 1935년 미국의 워너브라더스사가 A~D의 구분을 한 것이 그 시초라고 한다. 지금에 이르러서는 D컵을 넘어서서 E, F컵이 있고 더 나아가 특별주문형으로 G, H, I컵이 있다.

I컵은 높 낮이의 차가 30cm. 영화를 보면 화면에 가슴만 나오는 여배우의 가슴 크기라고 보면 된다.

브래지어를 발명한 사람은?

브래지어가 발명되기 전에 서양 사교계의 여성들은 몸에 꽉 끼는 코르셋을 하고 다녀야 했다. 브래지어는 1914년에야 발명되었는데 매리 펠프스 제이콥이라는 뉴욕의 한 젊은 부인이 코르셋에 대한 반감에서 두 장의 손수건과 리본으로 젖가슴을 가리고 파티에 나온 것이 브래지어의 시초가 되었다. 이 여인은 발명 특허료로 1만 5천 달러를 받았다.

로마 숫자는 계산용으로 쓰기엔 어색하다.
로마 사람들은 어떻게 계산했을까

로마인들은 처음 시작한 일이 많다. 그들은 도로를 건설했으며, 본격적으로 많은 건축물들을 아름답게 설계하고 건설했다. 따라서 그들에게는 수를 다룰 필요가 많았다.

그러나 로마 숫자를 사용한 곱셈, 나눗셈을 한번 상상해보자. CXVII를 IX로 나누어 그 결과를 내보자. 로마 숫자는 마치 암호처럼 생겼고 수학은 암호풀이 같을 것이다. 로마인들은 이런 암호풀이 같은 계산놀음을 잘했기 때문에 고도의 수학이 필요한 건축물들을 잘 만들 수 있었던 것일까.

로마 사람들은 이 복잡한 숫자를 실제로는 별로 사용하지 않은 것 같다. 대신에 그들은 수판을 이용했다. 고도의 계산을 할 때 그들은 전적으로 돌을 사용한 중국식 수판을 사용했다.

또한 로마 사람들은 계산하는 전문가를 따로 두고 복잡한 계산이 필요한 일은 그들에게 맡겼다. 로마 사람들은 이 계산

하는 사람을 캘큐레이터(Calculater)라고 불렀다. 오늘날 전자계산기를 캘큐레이터라고 부르는 것은 로마 시대로부터의 전통인 것이다. 원래 '캘큐르'란 단어는 돌이라는 뜻이었고, 그래서 돌을 사용해 계산을 하는 사람을 캘큐레이터라고 부르게 되었다.

육상에서 가장 큰 눈을 가진 동물은

보통 사진보다 가로 길이가 2~3배 되는 파노라마 사진이 유행이다. 원래는 전문용 카메라가 아니면 찍을 수 없었지만 최근에 콤팩트 카메라에도 파노라마 대응형이 많이 나오고 있다. 전문가의 말에 따르면 지금 나오는 것은 진정한 파노라마 사진이라고 할 수 없고, 단순히 가로 길이로 찍는 사진에 불과하다고 한다. 정확하게 말한다면 '파노라마 사이즈 사진'이라고 할 수 있다.

사람의 육안으로 보는 시야는 양쪽 눈을 다 사용한다고 해도 140도 전후다. 보통 사진은 좀 더 좁은데, 파노라마 사진은 사람의 육안과 비슷하거나 그 이상으로 넓혀서 보여 준다. 그 가운데에는 360도 촬영이 가능한 카메라도 있다.

그런데 언제나 이러한 파노라마적인 세계를 즐겁게 볼 수 있는 동물이 있다. 그것은 바로 말이다. 말의 눈은 사람과 달리 얼굴의 양 측면으로 치우쳐서 붙어 있다. 사람과 비교한다면 귀가 있는 자리에 눈이 있다고 생각하면 될 것이다.

게다가 말은 육상 포유류 가운데 가장 큰 크기의 눈을 자랑하고 있다. 가로, 세로 모두 평균해서 48mm인데 이 정도 크기의 눈이라면 시야는 거의 350도에 달한다. 머리 바로 뒤만 제외하고는 항상 볼 수 있다는 말이다.

말은 항상 육상동물의 좋은 공격목표다. 말은 겁이 의외로 많은 동물이다. 따라서 적의 공격을 막기 위한 방법도 공격력을 강화하기보다는 방위태세를 정비하는 방향으로 진화가 이루어졌다. 이런 이유로 눈이 이상할 정도로 크게 발달한 것이다.

왜 7은 행운의 숫자, 13은 불길한 숫자가 되었을까

7이 특별한 숫자가 된 것은 고대 이스라엘과 관련이 있는 것으로 보인다. 고대 이스라엘에서는 7을 하늘의 수(3)와 땅의 수(4)를 더한 성스러운 숫자로 보았고, 반면에 6은 악마의 숫자로 여겼다. 구약성서에서 천지가 창조되는 데 7일이 걸렸고, 안식일도 7일째이며, 노아가 대홍수를 대비한 시간도 7일이었다. 이외에도 성서에는 7과 관련된 많은 기록들이 있다. 기독교가 널리 전파되면서 7이 행운의 숫자가 된 것으로 보인다.

우리가 불길한 날이라고 생각하는 13일의 금요일은 종교적인 이유에서 비롯되었다. 예수가 12명의 제자들과 함께 최후의 만찬 중일 때 유다가 배신을 하고 병사들을 불러왔다. 예수는 못 박혀 죽은 후 3일 만에 부활했는데 이날이 일요일이었으므로 예수가 죽은 날은 금요일이다. 이런 이유로 13이라는 숫자는 배신과 불행을 상징하게 되었고, 금요일은 불길한

날의 대표 요일이 되었다. 그리고 이 두 날이 겹치는 13일의 금요일은 특별히 더 불길한 날이 되었다.

우리나라에서는 4라는 숫자를 불길하게 생각하는데 이는 그저 죽음을 뜻하는 사(死)와 음이 같다는 단순한 이유 때문이다.

그러면 적그리스도를 의미하는 숫자라는 666은 어떻게 만들어졌을까? 사실 666은 로마 황제였던 네로를 가리키는 말이다. 로마에 불이 났을 때 사람들은 네로가 범인이라고 의심했다. 이에 네로는 의심의 눈길을 다른 곳으로 돌리기 위해 기독교인들이 불을 질렀다고 누명을 씌웠다. 이때 많은 기독교인들이 체포되어 잔인하게 처형되었다고 한다.

왜 보신각 타종은 33번 치고, 예포는 21발을 쏠까

   한 해의 마지막 날이 되면 많은 사람들이 서울 종로로 몰려든다. 제야의 종소리를 치는 모습을 직접 지켜보면서 한 해를 마감하고 다가오는 한 해가 무탈하기를 기원한다. 이 보신각 타종 행사는 1946년부터 시작되었다. 1985년에 새로운 종으로 바뀌고 난 뒤에도 제야의 종 행사는 계속되고 있다.

   그런데 왜 보신각 타종은 33번하는 것일까? 이 행사의 기원은 조선시대로 거슬러 올라간다. 조선시대에는 각 가정에 시계가 없었기 때문에 징이나 꽹과리, 북을 쳐서 사람들에게 시간을 알려주었다. 하지만 사대문이 열리고 닫히는 시각은 사대문 사람들이 모두 들을 수 있어야 했기 때문에 큰소리로 종을 쳐서 알려주어야 했다. 통행금지가 시작되면서 사대문이 닫히는 이경(밤 10시경)에는 종을 28번 쳤는데 이를 인정이라 했다. 그리고 통행금지가 해제되고 사대문이 열리는 오경(새벽 4시경)에는 종을 33번 쳤는데 이를 파루라고 했다.

파루에 종을 33번 친 것은 하늘의 삼십삼천에게 하루의 안녕을 기원하는 의미라고 한다.

외국에서 국빈이 방문하면 환영하는 의미로 21발의 예포를 쏘는 행사를 하는데 이는 국제적인 외교관례라고 한다. 그런데 왜 21발일까? 서양에서는 7과 함께 3도 행운의 숫자로 여겨지고 있는데 이 두 수를 곱하면 21이다. 행운이 두 배 세 배 더 많아지는 의미이다. 이와 함께 큰소리로 포를 쏨으로써 악귀를 쫓고 좋은 일만 있기를 바라는 의미의 행사인 셈이다.

우리가 흔히 알고 있는 럭키 세븐(Lucky Seven)이라는 말은 1885년 9월 30일 메이져리그 야구에서 시카고 화이트삭스의 7회 공격 때 강풍이 불어와서 홈런이 된 것을 계기로 널리 퍼졌다고 한다.

순금은 왜 24K일까

24K의 K는 지중해 동부지역이 원산지이며 세계 곳곳에서 재배되고 있는 캐럽(carob)이라는 식물에서 유래되었다. '요한의 빵(St. John's bread)'이라고도 불리는데, 이는 세례자 요한이 먹은 캐럽의 열매를 말한다. 캐럽을 말리면 어른의 한 손에 24개가 잡히고, 금이나 소금 같은 물건과 교환을 할 때 이 양을 기준으로 거래되었다고 한다.

24K는 순도 99.99%의 순금을 말한다. 하지만 순금은 단단하지 않기 때문에 다른 금속과 섞어서 장신구 또는 다른 용도로 사용하게 된다. 순금인 24K를 기준으로 해서 18K는 24분의 18로 75%가 금이고, 14K는 24분의 14로 58.3%가 금이라는 뜻이 된다. 지금까지도 희소성 때문에 수집가들 사이에 매우 높은 가격으로 거래되고 있는 금화 중에는 21K의 순도를 가진 것도 있다고 한다.

우리가 즐기는 트럼프는 타로카드에서 비롯되었다. 타로에서 승려를 뜻하는 '성배'는 하트, 군인을 뜻하는 '검'은 스페이드, 상인을 뜻하는 '화폐'는 다이아몬드, 농민을 상징하는 '곤봉'은 클로버가 되었다. 이 네 개의 모양은 처음에는 지금과 달랐다. 하트는 원래 잔 모양이었지만 하트라고 불리면서 지금의 모양으로 바뀌었고, 스페이드는 검 모양이었으며, 클로버는 곤봉에 붙어 있던 클로버 잎이 현재 모양으로 되었다고 한다.

그리고 킹, 퀸, 잭은 역사적 인물을 모델로 하고 있다. 먼저 킹의 경우 다이아몬드 킹은 카이사르, 클로버의 킹은 알렉산더 대왕, 스페이드의 킹은 다윗 왕, 하트의 킹은 칼 대제가 그 모델이다. 퀸의 경우 하트의 퀸은 유대인의 영웅 유디트, 다이아몬드의 퀸은 야곱의 아내인 라헬, 클로버의 퀸은 엘리자베스 1세, 스페이드의 퀸은 전쟁의 여신 아테나가 모델이다.

잭의 경우 하트의 잭은 잔 다르크와 싸웠던 라 이르, 다이아몬드의 잭은 원탁의 기사였던 헥터 경, 클로버의 잭은 원탁의 기사 랜슬롯 경, 스페이드의 잭은 찰스 황제의 형제 오주르 라 단이라고 한다.

그런데 왜 트럼프는 13까지 있을까? 그 이유는 역시 점술에 사용되던 타로카드에서 찾을 수 있을 것이다. 트럼프는 각각 봄, 여름, 가을, 겨울 이 네 계절을 뜻한다. 그리고 각 계절은 13주로 이루어진다. 이를 모두 합하면 52주, 364일이 된다. 여기에 조커를 합하면 1년인 365일이 된다.

왜 좋아하는 노래를 18번이라고 할까
이 말은 일본의 가부키에 기원을 두고 있다. 17세기 무렵, 가부키 배우였던 이키가와 단주는 가문에 전해 내려오던 가부키 중 크게 성공했던 가부키들을 정리했다. 그런데 그 중 가장 재미있는 가부키가 18번째 가부키였고, '가부키 18번'이라는 말이 생겨났다고 한다. 이 말이 우리나라로 전해지고 사람들 사이에 유행하면서 지금의 18번이 되었다고 한다.

왜 동전에는 제조연도가 있을까

'악화(惡貨)는 양화(良貨)를 구축(驅逐)한다'는 말을 자주 들어보았을 것이다. 이 말은 영국의 재무관이었던 그레셤이 재정문제를 조언한 엘리자베스 여왕에게 보낸 편지의 첫머리를 장식한 말이다. 즉, 품질이 나쁜 화폐가 품질이 좋은 화폐를 몰아 쫓아낸다는 뜻이다. 당시에는 금화와 은화가 모두 같지 않고 제조한 곳에 따라 금과 은의 함유량이 달랐다. 그래서 품질이 좋은 화폐는 따로 저장되거나 다른 나라로 유출되고, 품질이 좋지 않은 화폐만 거래에 쓰이게 되었다. 그래서 그레셤은 금화나 은화가 아닌 일반 금속으로 화폐를 주조해야 한다고 주장했다.

최근에도 동전을 녹여 팔아서 막대한 이익을 남긴 사람들이 뉴스에 등장했다. 동전은 여러 금속으로 이루어져 있다. 주로 금, 은, 동, 주석, 알루미늄 등이 들어가는데 이 재료들은 그때그때 시세가 변하는 금속들이다. 그래서 해마다 제조비용이 정해지면 이 재료들의 비율이 달라진다. 이 때문에 동전을 만들 때 제조연도를 표시해두면 그 동전의 합금 배합비율을 바로 알 수 있다.

주민등록번호 뒷자리 숫자의 비밀

주민등록번호 뒷자리의 첫 번째 숫자는 성별을 나타낸다. 남자는 1, 여자는 2로 시작한다. 2000년 이후 출생한 경우 남자는 3, 여자는 4로 시작된다. 이 성별을 나타내는 숫자는 100년 단위로 변경된다. 두 번째에서 다섯 번째까지의 숫자는 주민등록을 신청한 관할관청 지역번호, 여섯 번째 숫자는 주민등록을 신청한 순번, 일곱 번째 숫자는 검증번호이다. 검증번호는 앞의 숫자들에 이상이 없는지 확인하는 숫자이다.

마라톤 코스는 왜 42.195km가 되었을까

다른 육상경기는 5,000m나 10,000m처럼 단위가 정해져 있는데 왜 마라톤 경기는 소수점자리까지 있을까? 마라톤의 유래는 모두 잘 알고 있는 것처럼 고대 그리스로 거슬러 올라간다. 기원전 490년, 그리스의 마라톤이라는 마을에서 아테네까지 쉬지 않고 달려 전쟁결과를 알려준 병사가 있었다. 이를 기념하기 위해 제1회 근대올림픽(1896년) 때는 마라톤에서 아테네까지 쉬지 않고 달리는 경주가 있었다. 그 거리는 약 40km였다.

1908년 제4회 런던올림픽 때는 윈저궁전과 경기장 골인지점까지 경기가 진행되었다. 그런데 영국의 알렉산드라 여왕 자리 바로 앞까지를 골인지점으로 정하는 바람에 0.195km가 늘어났다. 그 후에도 정확한 거리가 정해지지 않다가 1924년 제8회 파리대회에서 42.195km가 정식으로 결정되었다.

그러면 이 거리는 어떻게 재는 것일까? 나라마다 다르긴 하지만 일본의 경우 도로 왼쪽 갓길에서 1미터 되는 곳을 따라 쇠로 만들어진 50미터 줄자로 잰다고 한다. 직선도로가 아닌 곡선도로인 경우에는 커브가 한눈에 들어오는 직선거리를 잰다. 이렇게 42.195km를 재기 위해서는 줄자를 당기는 작업을 800번 이상 반복해야만 했다. 달리는 선수가 거리를 재는 사람에게도 모두 인내가 필요한 경기가 아닐 수 없다.

그럼 이 거리를 달리기 위해서는 도대체 몇 걸음이나 달려야 할까? 선수의 체격과 다리의 길이에 따라서 차이가 있지만, 대략 2만 3,000보에서 2만 9,000보 정도를 뛰어야 한다.

왜 하루는 24시간이고 한 시간은 60분일까

    오늘날에는 대부분 십진법을 사용하고 있다. 이는 두 손의 손가락 수에 기반하고 있다. 하지만 고대 마야인들은 손가락과 발가락을 합한 이십진법을 이용해 천문학적인 수를 사용했다. 컴퓨터는 이진법이 이용되고 있다. 또 고대 수메르인들은 5를 기본으로 하는 십진법과 함께 60, 600, 3600, 36,000을 나타내는 육십진법도 사용했다.

    고대 수메르인들의 계산법은 바빌로니아로 전해져 일상적인 계산에는 십진법, 학문적인 계산에는 육십진법이 이용되었다. 달이 차는 데 30일이 걸리고 이를 12번 반복하면 1년, 즉 360일이 되기 때문에 매우 의미있는 계산법이라고 여겨졌던 것이다. 이런 육십진법의 영향으로 1시간은 60분, 1분은 60초가 된 것으로 보인다. 또 바빌로니아인들은 하루를 12베일로 나누었는데 1베일은 현재의 2시간에 해당한다. 따라서 12베일이면 24시간이 된다. 이렇게 하루가 24시간으로 정해진 때는 기원전 140년경이다. 이후 대부분의 나라에서 하루는 24시간이 되었다.

그런데 왜 시계에는 눈금이 24까지 있지 않고 12까지밖에 없을까? 그것은 최초의 시계라고 할 수 있는 이집트 해시계가 해가 있는 시간에만 계산되었기 때문이다. 뿐만 아니라 이집트는 북반구에 있기 때문에 해시계의 그림자가 오른쪽으로 돈다. 이를 반영해 14세기경 시계를 처음 만든 사람도 시계바늘을 오른쪽으로 돌게 만들었다고 한다. 만일 해시계가 적도 아래에 있는 나라에서 만들어졌다면 지금과는 반대로 도는 시계를 보고 있을 수도 있지 않을까.

여자가 남자보다 빨리 취한다는데 이는 근거가 있는 것인가?

있다. 여자의 몸은 54%가 물인데 반해 남자의 몸은 60%가 물이다. 따라서 같은 양의 물을 마셔도 여자가 훨씬 체내 알코올 농도가 높다.

여왕개미에게도 갱년기가 있을까?

있다. 여왕개미는 하루 종일 알만 낳는데 1분에 하나씩 하루에 약 1,000개 정도의 알을 낳는다. 그러다가 알을 낳지 못하는 시기가 오는 데 이것이 바로 갱년기며 일개미들은 이제 쓸모없어진 여왕개미에게 먹이를 주지 않으며 여왕개미는 굶어죽는다.

밤에 자는 것보다 선잠을 잘 때 꿈을 더 잘 꾸는 이유는?

어떤 경우에도 꿈을 꾼 직후나 꿈을 꾸는 동안에 일어나면, 꿈을 꾸었다고 느끼게 된다. 여성이 임신 후기에 들면, 전보다 더 꿈을 꾸게 된다고 말하는 경우가 많다. 임신중인 여자가 자주 꿈을 꾼다고 느끼는 것은 신체적인 불쾌감으로 숙면을 취하지 못하고 자주 잠을 깨기 때문이다.

생리 중에 있는 여성은 운전 시 사고 위험이 더 높을까?

그렇다. 생리 중에는 공간감각과 반사작용의 속도가 느려지기 때문에 자동차 운전에 적합하지 않게 된다. 영국왕립학회(British Royal Society)의 발표에 의하면 생리 중인 여자들은 남자보다 1.5배에서 2배 정도 높은 사고 위험률을 갖고 있다고 한다.

하품을 할 때 눈물이 나는 이유는?

잠과는 전혀 관련이 없다. 눈물샘은 언제나 가득 차 있는 상태라서 하품과 같이 조금만 얼굴 근육을 움직여도 눈물주머니가 압박되어 눈물이 흐르게 된다.

흰 셔츠를 입은 사람과 검은 셔츠를 입은 사람 중, 냉방된 방에서 누가 더 시원함을 느낄까?

검은색이 열을 흡수하기 쉽다는 것은 상식이다. 하지만 검은색은 열에너지를 방출하기도 쉽다. 추운 겨울날 옥외에 검은 종이와 흰 종이를 놓아두면 검은 종이에 먼저 이슬이 맺힌다. 열에너지를 빨리 잃어버리기 때문이다. 따라서 냉방중인 방이라면 검은 셔츠를 입은 사람이 더 시원함을 느낀다.

하이힐은 필요한 발명품인가?

많은 여성들이 하이힐로 인해 불필요한 발의 긴장과 구부러진 체형 때문에 고생하고 있다. 또 한편으로 자신의 몸매를 과시할 수 있는 도구로 적극 사용하고 있다. 하이힐은 근세 유럽 사교계에서 여성들의 몸매 중에 엉덩이를 더 튀어나오게 하고 가슴을 불룩하게 하기 위해 만들어졌다. 처음부터 여성의 건강이나 체형을 생각하지 않고 단지 남자의 볼거리를 위해 만들어진 발명품이다.

군인은 왜 손을 들어 서로 경례하는 것일까?

고대의 우리나라 병사들은 손을 드는 경례를 하지 않았다. 이 경례방식은 고대 유럽에서 칼을 든 사람끼리 상대를 해칠 의사가 없다는 표시로 오른손을 들어 인사를 했던 것이 유래가 되었다. 중세의 기사들도 투구의 차양을 내리고 오른손을 들어 인사했다. 이것이 오늘날의 경례에 가깝다.

다섯 개의 바다와 연결되는 도시가 지구상에 있을까?

모스크바는 지금 흑해, 백해, 발트해, 아조프해, 카스피해 등 다섯 개의 바다와 통해 있다. 1709년 러시아의 또 다른 대도시인 페테르스부르크와 볼가강을 연결하는 3,669킬로미터의 운하가 건설되었고, 그 후 220여 년이 지난 1930년대에 모스크바와 볼가강을 잇는 운하가 건설되었다. 그 후 발트해와 백해를 연결하는 또 하나의 운하가 만들어졌고, 다시 1964년에 볼가강과 아조프해를 거쳐 흑해로 들어가는 돈강을 연결하는 새로운 운하가 완성되어 마침내 모스크바는 5개의 바다와 연결된 것이다.

남자의 갈비뼈는 여자보다 1개 적을까?

여자나 남자나 갈비뼈의 숫자는 같다. 이브를 아담의 갈비뼈로 만들었다는 성경구절 때문에 실제로 그렇다고 믿는 사람이 많지만 남자나 여자 모두 좌

우 열두 개씩의 갈비뼈를 갖고 있다. 하지만 여자의 꼬리뼈가 남자보다 적은

경우는 그리 흔치않게 볼 수 있다.

자연의 비밀

무지개는 어디가 끝인가

물방울이 햇빛을 받으면 반짝인다. 큰 폭포의 물보라에도 무지개는 있고 뿜어 나오는 분수의 물방울 속에도 무지개가 있다. 특히 지평선에 걸린 거대한 무지개는 인간의 눈을 현혹하기에 충분하다.

이론상으로 보면 무지개는 끝이 없다. 왜냐하면 무지개는 완벽한 원이기 때문이다. 그러나 이 원은 항상 지평선이나 수평선에 가려 그 완전한 모습을 볼 수 없다.

다만 가끔 하늘 위를 나는 비행기 안에서는 여러 가지 빛깔의 완벽한 원형 무지개도 볼 수 있다.

무지개는 때에 따라 그 색깔이 다르다. 전적으로 빨간 무지개를 보고 싶으면 해돋이 전이나 해돋이 때를 기다려야 한다. 또 하얀 무지개는 아주 미세한 알갱이의 수증기가 퍼져 있는 낮이나 달이 반사하는 약한 광선이 무지개의 색깔을 만드는 달밤에 보인다. 신비한 느낌이 극을 이루는 쌍무지개는 빛이

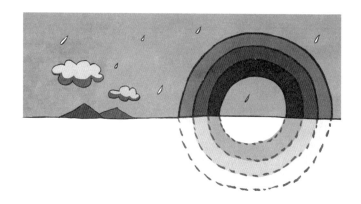

이중반사(바깥쪽 무지갯빛이 빗방울 속에서 한 번이 아니라 두 번 반사되는 것) 될 때 나타난다. 수평이나 수직무지개는 들판이나 호수, 바다 위에 둥근 무지개와 함께 나타난다.

어떤 무지개를 보고 싶든지 우리에겐 약간의 행운이 따라야 한다. 원래는 둥근, 그러나 지(수)평선에 가려 끝이 잘려나간 이 하늘의 빛을 보기 위해 우리가 할 일은 제때 제자리에 있는 행운이 따를 때이다.

에베레스트 산이 정말 세계에서 가장 높은 산일까

8,848m에 달하는 에베레스트 산을 한국의 허영호 씨가 등정했을 때 우리는 한국인의 기상을 보았다. 그는 지상에서 가장 높은 산을 마침내 정복한 것이다. 그러나 과연 에베레스트 산이 가장 높은가? 더 높은 산은 없는가?

이 질문에 대한 대답은 '그렇다' 이다. 다만 조건이 하나 붙는다. '해발' 이라는 수식어가 앞에 있는 한 그렇다. 해발이란 조건은 바다의 높이를 기준으로 육지의 높이를 재는 것이다. 따라서 바다가 아닌 다른 곳을 기준으로 해서 산의 높이를 잰다면 에베레스트 산이 아닌 다른 산이 더 높을 가능성이 존재한다.

첫 번째는 산의 뿌리를 기준으로 삼을 수 있다. 이 경우 산의 높이는 산의 뿌리에서 그 꼭대기까지의 거리다. 또 하나는 지구의 중심으로부터 가장 먼 산꼭대기를 측정하는 것이다. 둘 다 해발과는 전혀 다른 의미를 가지고 있으며 이 경우 에베레스트 산은 최고의 지위를 다른 산들에게 넘겨주어야 한다.

산의 뿌리에서부터 꼭대기까지 높이가 에베레스트 산보다 높으려면 어떤 조건이 필요할까? 그것은 해발 0m보다 낮은 곳, 즉 해저에서 산이 출발해야 한다. 또한 그러기 위해선 대륙에 솟아 있는 것이 아니라 섬에서 솟아야 한다. 이런 조건을 충족시키는 산은 하와이 군도의 마우나케아 산이다. 이 거대한 화산은 산 뿌리로부터 정상까지의 높이가 9,000m가 넘는다. 그러나 반 이상은 물속에 잠겨 있다.

만약 산의 높이를 지구의 중심으로부터 계산한다면 실제 제일 높은 산은 남미 에콰도르의 친 볼라 조 산이다. 이 산은 해발 6,310m 정도로서 히말라야 산맥에서 중간 정도의 높이밖에 안 되지만 지구 중심으로부터의 높이는 세계 제일이다. 왜 이 산이 지구 중심으로부터 가장 높을까?

지구는 자전을 한다. 그것도 상당한 스피드를 갖고 자전을 하기 때문에 지구의 적도 부분이 원심력으로 늘어나게 된다. 그 때문에 적도에 가까운 남미의 친 볼라 조 산정이 지구의 중심으로부터 가장 먼 곳이다.

어떤 최고의 권위도 시각을 달리해 보면 최고가 아닐 수 있다는 사실이다.

사막은 건조하다. 칠레의 아타카마 사막은 아직 한 번도 비가 내리는 것을 관찰할 수 없었다. 그러나 다른 사막들은 연평균 5cm 이상 비가 온다. 일반적으로 사막이라고 판단할 수 있는 강우량은 연평균 25.4cm 이하다. 이렇게 강우량이 적다면 바위들은 갈라지고 거센 바람에 닦이어 모래로 변할 수밖에 없을 것이다.

사막을 발음하는 순간 우리는 끝없는 모래벌판과 모래폭풍을 떠올린다. 하지만 세계의 사막지대는 보통 1/5만이 모래로 덮여 있다. 가장 큰 모래사막 지역은 사하라 사막이다. 면적이 약 906만 4,000㎢인 사하라 사막은 크기만으로 보면 남한의 약 100배에 달하는 건조지대다. 그러나 사하라 사막도 전부 모래로만 이루어져 있지는 않다. 에그르(모래사막)라고 부르는 일부 지역만 모래로 이루어져 있다.

그밖의 지역은 다양한 지형으로 이루어져 있다. 거대한 암석층(북아메리카에서는 하마다라고 부르는)이나 깨진 바위덩어리가 광범위하게 널려진 평원, 산과 깊은 협곡으로 분할된 가파른 대지, 천연 아치, 반짝이는 소금평원 등 다양한 사막의 풍경을 이루고 있다.

사막지역은 굉장히 높은 온도를 자랑한다. 사하라 사막의 서쪽 변두리인 리비아 서부 지방에서는 1922년 9월 13일 그늘진 곳의 기온이 섭씨 57.8도까지 치솟았는데 이는 세계 최고기록이다. 사막의 흙의 온도는 이보다 더 높아서 미국 데스밸리의 지면온도는 섭씨 87.8까지 올라간 기록이 있다.

사하라 사막이 움직인다는데
사하라 사막은 한 달 평균 약 800m씩 남쪽으로 움직이고 있다. 곳에 따라서는 그 4배에 달하는 속도로 움직인다. 기상학자들은 수십 년 내에 사하라 남쪽의 비옥한 지역마저 사막으로 변할 것이라고 걱정한다. 이런 현상은 훨씬 추워진 북극과 남극의 기온이 메마른 공기를 남쪽으로 밀어내기 때문이다. 기원전 4,000년 전부터 2,000년 전까지 아마 사하라 사막은 기름진 옥토였을 것이다.

강물표면의 높이는 가운데나 기슭에서나 모두 똑같을까

강물은 볼록하거나 오목하다. 어느 순간엔가 평평한 순간이 있기도 하지만 대체로 강물은 볼록하거나 오목할 뿐이다. 언제 볼록하고 또 언제 오목할까? 그리고 그 이유는 무엇일까?

봄이 오면 산에 남아 있던 잔설이 마저 녹는다. 눈이 녹은 물은 계곡을 따라 흘러내려 조그만 내가 되고 이윽고 강에 도착해 강물을 불린다. 이때의 강물은 가운데가 볼록하다. 이것은 물의 유속 때문인데 같은 강물이라도 강의 중앙은 항상 강기슭의 물보다 속도가 빠르다. 그래서 눈이 녹은 물이 흘러 들어오면 속도가 빠른 강 가운데로 강물이 모이게 된다. 따라서 강물은 가운데가 볼록하게 된다.

반대로 물이 적은 갈수기가 되면 속도가 빠른 강의 중앙부가 낮아지는 오목한 모양이 된다. 상류에서 흘러 들어오는 물의 양이 적은 데다 강기슭보다 빠른 속도로 물이 흐르기 때문에 같은 시간 동안 강물이 더 많이 흘러가게 됨에 따라 중앙부는 함몰한다.

이런 현상들을 간단한 실험에 의해 확인할 수 있다. 나뭇가지들을 모아 강에다 던져보면 쉽게 알 수 있다. 강물이 불었을 때 강물의 가운데가 볼록하면 나뭇가지들은 강기슭으로 모여드는 것은 당연한 이치다. 홍수가 났을 때 강기슭 쪽으로 여러 가지 물건들이 모이는 것도 강물이 볼록하기 때문이다. 반대로 갈수기에는 나뭇가지들이 강의 중심부로 모여 흘러간다. 갈수기엔 강의 가운데가 오목하게 들어가 있기 때문이다.

우주의 크기를 잴 수 있을까

    현재 가장 유력한 학설은 우주가 여전히 팽창하고 있다는 우주팽창설이다. 따라서 가장 끝에서 팽창하고 있는 항성의 거리를 재면 우주의 크기를 어림짐작할 수 있다는 주장이다. 팽창하는 그 반대편에 무엇이 있는 것인지에 대해선 누구도 말하지 못한다.

    오늘날 어떤 별이 지구로부터 얼마나 떨어져 있는지는 그 별이 지구로 보내온 빛의 스펙트럼을 통해 분석한다. 별들이 지구로부터 멀리 있을수록 그 별의 스펙트럼은 적색 쪽으로 몰린다. 따라서 그 별의 스펙트럼이 얼마나 적색 쪽으로 몰려 있는가를 분석하면 그 별이 지구로부터 얼마나 멀리 떨어져 있는지를 확인할 수 있게 된다. 물론 그 별이 보내온 빛은 그 별과 지구와의 거리인 만큼 오래전에, 즉 300만 광년 떨어진 별이라면 우리가 현재 보고 있는 그 별빛은 300만 광년 전에 그 별이 쏘아 보낸 것이라는 사실이다.

우리는 흔히 빛의 속도를 초속 30만km로 알고 있다. 좀 더 정확히 말하면 1초에 빛은 약 29만 8,080km의 속도로 움직인다. km라는 단위로는 도저히 우주의 크기를 짐작조차 할 수 없기에 우리는 빛이 달리는 속도인 광속을 사용해 그 거리를 측정하는데 1광년은 약 9.6조km에 해당된다. 우주의 크기를 재기 위해선 광년이라는 단위가 필요하다.

어쨌든 별의 스펙트럼을 분석한 결과 지구에서 가장 멀리 떨어진 별은 약 1백억 광년에서 2백억 광년 정도 거리에 있다. 우주의 크기도 대략 그 정도라고 보면 된다.

1백억 광년 혹은 2백억 광년이라는 숫자를 km로 환산할 수 있을까? 1광년은 9.6조km라고 할 때 1백억 광년은 9.6조km에 10의 22제곱을 곱한 거리다.(9.6조km$\times 10^{22}$). 숫자로 표시할 수 있다는 것이 다행인 셈이다.

2억 년 전에 한반도는 지구의 어디에 있었을까

2억 년 전으로 거슬러 올라가면 오늘날의 지도는 아무 쓸모가 없다. 하긴 중국의 황하는 수십 년에 한 번씩 대홍수로 그 하류 지방의 지도를 바꾸기도 한다. 그러나 이 정도는 비교도 안 되는 문제가 있다. 그 2억 년 전 한반도는 지구의 어느 구석에 있었을까?

먼저 어떻게 대륙들이 움직일 수 있는지 알아보자. 대륙들은 지구의 껍데기 바로 밑에 있는 물렁물렁하게 녹은 바위를 타고 움직인다. 이 바위의 느릿한 흐름을 타고 1년에 1인치(2.54cm)나 2인치의 속도로 움직이는 것이다. 이런 흐름을 역으로 계산하면 2억 년 전 한반도가 어디에 있었을지 추론할 수 있다.

2억 년 전은 지구의 역사분류상 페름기에 해당한다. 당시의 지도를 추론으로 재구성하면 한반도는 태평양(Pacific) 한가운데 자리한 섬이었다. 이른바 한중대도(韓中大島)라는 이 섬은 당시만 해도 육지였던 황해를 가로질러 양자강 북부 중국 대륙까지를 포함한 거대한 섬이었다. 부산 지방을 비롯한 남해안 일대는 적도 위에 있었고 한중대도 위에 있던 콜리마 섬은 오늘날 러시아의 극동지방을 이룬다. 그 밖에도 태평양에는 오늘날의 동남아시아를 이루는 섬도 떠 있었다.

어떤 물리학자들은 플라톤이 주장한 아틀란티스 대륙의 근거가 허망한 것으로 보는 대신에 태평양 지역의 이 섬들이 아마 거대한 대륙 하나를 이미 이루고 있었을지도 모른다고 추정하고 있다. 한반도가 포함된 태평양 한가운데의 이 거대한 대륙의 이름은 '패시피커(Pacifica)'이다.

앗, 나침반이 남쪽을 가리킨다

서기 3,400년 새해, 태평양을 횡단하는 한 정기여객선 선장이 나침반을 보고 있다. 그의 나침반은 정확히 남쪽을 가리키고 있으며 그는 그것을 통해 자신의 여객선이 항로를 이탈하지 않고 있는지 확인을 한다.

자, 이런 일은 일어날 수 있을까? 아니면 공상에 불과한 것일까? 지구의 자기장을 연구하는 사람들은 엄연한 사실이라고 말한다. 지금도 꾸준히 지구의 자기장은 약해지고 있고 이 추세대로라면 1천2백 년 후에는 나침반이 혼란을 일으키기 시작하고 그로부터 수십 년이나 수백 년 후에는 다시 자기장이 회복되지만 그때는 정반대의 곳을 나침반이 가리킨다고 그들은 말한다.

아무도 이 자기장 반전의 비밀은 모른다. 지구의 핵에 있는 액체 철과 니켈이 끊임없이 운동하면서 생기는 지구의 자기장이 수백만 년에 걸쳐 여러 번 반전되었다는 증거만 찾았을 뿐이다. 이것은 수백만 년 된 바위의 자성을 연구한 결과이다.

지금의 자기장이 가리키는 곳도 진짜 북극, 진짜 남극이 아니다. 자기장의 북쪽, 즉 자북극과 자기장의 남쪽인 자남극은 각각 진북극과 진남극으로부터 위도로 11도 가량 벗어나 있는 것이다. 지금 현재도 자기장의 강도는 큰 폭으로 변해 매년 20km씩 서쪽으로 이동하고 있다.

우리의 상식은 이런 과학적 사실 앞에 여지없이 깨져 나가는 것이다.

별똥별(유성)들은 몇 살일까

어린 시절을 기억할 때 자주 아쉬움이 남는 것 가운데 하나가 별똥별에 대고 소원을 빌던 경험이다. 어른들로부터 별똥별이 떨어지는 그 짧은 순간에 소원을 빌면 이루어진다는 이야기를 듣고는 돌부리에 걸려 넘어지는 아픔을 겪으면서도 그렇게 하늘을 보고 다녔었는데.

지구 대기권을 통과해 학자들의 연구대상이 되는 운석들은 실제로 떨어지는 운석의 1%도 안 된다. 대부분은 대기 속의 공기 마찰을 이기지 못하고 불타버린다. 우리가 별똥별들의 나이를 조사해 볼 수 있는 것은 지구의 대기를 뚫고 일부나마 지상에 도착한 이 운 좋은 운석들이다.

지구에 떨어진 운석들은 크게 2종류다. 더 나이가 많은 쪽의 별똥별들은 대략 45억 살이라는 나이를 가지고 있다. 이 나이는 지구의 나이와 맞먹는다. 다시 말해서 태양계가 탄생할 때 동시에 만들어진 별의 부스러기이다.

과학자들은 거대한 혜성이나 운석이 13억 년 전 화성과 충돌해 흩뿌린 바위들이라고 말하고 있지만 아직 확실한 증거는 없다.

현재 지구 대기권에 들어오는 이 늙은 운석들의 양은 하루에도 몇 톤씩이나 된다. 따라서 공기가 맑은 시골하늘을 밤새 지켜보고 있으면 꽤 여러 번 별똥별이 떨어지는 광경을 목격할 수 있다.

시골에 갈 기회가 있다면 이번엔 성공할 수 있을지도 모른다는 신념으로 하늘을 쳐다보라. 그러면 아마도 이번에는 자전거보다는 훨씬 큰 소원을 빌게 될지도 모른다.

지구의 나이를 어떻게 알 수 있을까

　지구의 나이는 약 45억 년이며 인간이 살기 시작한 것은 겨우 몇 백만 년 전이었다. 지구가 처음 만들어졌을 때의 하루는, 즉 한 바퀴 자전하는 데 걸리는 시간은 5시간 정도였다. 현재 지구가 한 번 자전하는 데 걸리는 시간은 약 24시간이다. 45억 년이라는 시간 동안 지구의 자전 시간은 계속 느려

지고 있다. 달의 인력에 의해 조수 간만의 차이가 생기면서 바닷물과 바다 바닥 사이에 생기는 마찰로 인해 지구의 자전이 느려진다. 느려지는 속도는 10만 년에 1초 정도이다.

이 속도로 자전이 계속 느려진다고 가정하면 5억 년 뒤에는 지구의 하루가 44시간쯤 된다고 한다. 하루의 길이가 거의 두 배가 되는 셈이다.

그런데 지구의 나이는 어떻게 알 수 있는 것일까? 방사성 동위원소는 불안정한 원자구조를 가지고 있어 안정된 구조로 변하려고 하는 성질을 가지고 있는데, 시간이 지나면 스스로 붕괴되어 다른 물질로 변한다. 이렇게 방사성 동위원소의 반이 다른 물질로 변하는 기간을 반감기라고 부른다.

우라늄(U)238은 시간이 흐르면 납(Pb)206으로 변하는데, 절반이 변하는 반감기가 45억 년이라는 것이 밝혀졌다. 이런 원리를 이용해 암석에 포함된 우라늄(U)238과 납(Pb)206의 비율을 조사하면 암석이 언제 만들어졌는지 알 수 있다. 과학자들은 지구가 생겼을 때 지층 깊은 곳에서 굳어진 암석의 나이를 측정함으로써 지구의 나이가 45억 년임을 밝힐 수 있었다.

물질을 태우기 위해서는 산소가 있어야 한다고 누구나 알고 있다. 그런데 산소가 없는 우주에서 태양은 어떻게 불탈 수 있을까? 사실 태양은 불타고 있는 게 아니고, 핵융합반응을 일으키며 막대한 에너지를 방출하고 있는 것이다. 태양은 거대한 수소가스 덩어리라고 할 수 있다. 이 수소의 원자핵들이 충돌하면서 중수소를 만들고, 이 중수소가 다시 충돌하면서 헬륨 원자핵이 만들어진다. 이런 반응이 반복되면서 엄청난 에너지가 만들어지며 우리가 보기에는 불타는 것처럼 보이게 된다.

태양의 온도는 약 6,000도 정도이다. 직접 온도계를 들고 가서 재 볼 수도 없는데 어떻게 온도를 알 수 있는 것일까? 그 비밀은 바로 태양의 색깔에 있다. 불빛의 색깔을 보면 온도를 알 수 있는 것이다. 태양빛을 프리즘을 이용해 여러 색깔로 분해하는데 이를 '스펙터 분석(Spector Analysis)'라고 부른다. 이 빛의 색깔을 지상의 실험 데이터와 비교해서 분석하면 온도뿐만 아니라 구성 원소까지도 알 수 있다. 태양은 노란색이다. 노란색의 온도가 약 6,000도인 것이다. 온도가 가장 높은 색깔은 푸르스름하게 빛나는 색깔이며 무려 30,000도가 넘는다고 한다.

별은 왜 반짝거릴까

하늘의 별을 보면 반짝거린다. 이는 별이 빛을 불안정하게 내기 때문이 아니라 대기의 움직임 때문이다. 대기의 온도 분포가 똑같지 않기 때문에 하늘의 공기는 항상 움직이고 있다. 이처럼 흔들리는 기류에서는 통과하는 빛의 방향이 일정하지 않다. 결국 공기가 이리저리 흩어지고 흔들리기 때문에 별이 반짝거리는 것처럼 보이게 된다.

　지구의 자전축은 공전 궤도면의 수직면에서 약 23.5도 기울어져 있다. 그리고 약 4만 1,000년을 주기로 21.5도에서 24.5도 사이에서 변한다. 자전축의 기울기가 고정되어 있지 않은 것이다. 이렇게 자전축이 기울어져 있는 것은 지구만이 아니다. 다른 행성들도 자전축이 조금씩 기울어져 있는데 천왕성의 경우에는 거의 90도나 기울어져 있다고 한다. 태양계의 행성들은 이렇게 조금씩 기울어진 채로 태양을 중심으로 공전을 하고 있다.

　이렇게 행성들의 자전축이 기울어진 이유로는 여러 학설이 있다. 행성들이 만들어질 때 다른 행성의 중력 때문에 기울어졌다는 설도 있고, 다른 혜성 등 다른 천체와의 충돌 때문에 기울어졌다는 설도 있다. 분명한 것은 태양계가 만들어질 때부터 행성들의 자전축은 기울어져 있었다는 사실이다.

　그런데 지구의 자전은 언제 시작된 것일까? 태양계가 생성

된 지 5,000만 년 후 지구는 화성과 비슷한 부피의 행성과 충돌했다고 한다. 이 충돌은 지구의 중심부가 아니라 옆면을 비스듬하게 빗겨서 충돌했고 그때부터 회전이 시작되었다는 것이다. 빠른 자전으로 인해 지구의 하루는 겨우 5시간에 불과했다. 그리고 이 충돌로 지구의 일부가 떨어져 나가 달이 만들어졌다. 달은 29.5일에 한 바퀴씩 자전하는데 이 주기는 지구 주위를 한 바퀴 공전하는 시간이다. 때문에 지구에서는 달의 같은 면만 보게 된다.

음이온은 왜 건강에 좋을까

　음이온은 혈액의 pH 상승에 도움을 주며 뇌 속의 세로토닌 농도를 조절해서 불안감이나 긴장감을 줄여준다. 또 혈액 중의 전자 농도를 증가시켜서 체내 활성산소의 활동을 억제하고 노화를 방지하는 항산화작용을 한다. 때문에 공기 중에 음이온이 많아지면 스트레스 호르몬 분비량이 줄어들고 혈액순환과 물질대사가 활발해지며 면역력이 증가된다. 또 세포가 젊어지고 건강해져서 질병의 예방과 치료에 도움을 준다.

　모든 물질을 구성하고 있는 원자는 원자핵과 전자로 이루어져 있고, 원자핵 속에는 양성자와 중성자가 들어 있다. 양성자는 (+)전하를 띠고 전자는 (−)전하를 띠는데, 양성자가 전자보다 많을 때를 양이온, 전자의 수가 양성자의 수보다 많을 때는 음이온이라 한다.

　양이온이 증가하면 몸 안에 활성산소가 많아져서 혈액이나 체액이 산성화되면서 면역력이 떨어지고 독소가 쌓이게 된다. 건강한 환경을 위해서는 1cm^{3}당 400~1,000개의 음이온이 있어야 하는데, 서울의 도심과 같이 오염된 곳에서는 거의 0에 가깝다고 한다. 그리고 오염물질이 거의 없는 숲속이나 바닷가 같은 곳에서는 음이온이 풍부하기 때문에 좋은 기분을 느낄 수 있다고 한다.

여름철 장맛비, 그 중에서도 세차게 쏟아지는 장대비는 빗방울의 지름이 5mm 정도이다. 속도는 초속 907cm, 시속으로 하면 32.6km나 된다. 그리고 빗방울이 굵을수록 비 내리는 속도는 빨라진다.

빗방울의 크기가 지름 0.4mm 정도 되는 가랑비는 속도가 초속 162cm이며, 크기가 0.8mm 정도 되면 초속 327cm 정도의 속도로 비가 내린다.

비가 얼마나 높은 곳에서 내리는가도 빗방울의 속도에 영향을 준다. 겨울에는 지상에서 약 2,000m, 여름에는 약 5,000m 상공에서 내린다. 여름철 천둥 번개를 동반하는 장대비가 가장 높은 곳에서 내리는 비다.

빗방울을 떨어지게 하는 것은 중력이고, 공기의 저항을 받게 된다. 이 저항력은 빗방울의 크기에 영향을 받는다. 또 공기에 의한 저항력은 속력이 빠르면 제곱에 비례하는 저항력

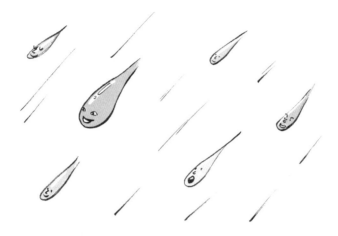

을 받게 되는데, 저항력과 중력의 크기가 같아져 일정한 속도
에 이르게 된다. 이 속도가 우리가 눈으로 볼 수 있는 빗방울
이 내리는 속도이다.

참고로 여름 장마철 장대비의 경우 1초 동안 내리는 비의
무게는 대략 685톤에 달한다.

**광활한 대지 위에 놓아두어도 말은 두 마리가 있으면 반드시 자기의 코
쪽에 상대의 꼬리가 오도록 한다. 왜 그럴까?**

말은 꼬리를 휘둘러 자기뿐만 아니라 상대편 머리의 파리나 벌레들을 쫓아
주기 위해 그렇게 한다. 그러나 추울 때에는 거꾸로 얼굴을 맞댄다. 서로의
내뱉는 숨으로 따뜻하게 해주기 때문이다.

겨드랑이에서 나는 냄새는 정상인가? 비정상인가?

원래 겨드랑이 털은 성적 상대를 유혹하는 냄새를 가둬놓기 위해 발달했다.
겨드랑이에는 아포크린 샘이라는 것이 있어 이 냄새가 나는 땀을 만든다. 그
러나 이상하게도 동양인은, 특히 한국인은 극단적으로 인구의 절반 가량이
이 샘 자체가 없다. 따라서 인류 전체로 보면 겨드랑이 냄새는 비정상적인 것
이 아니다.

침이 없어도 맛을 느낄 수 있을까?

혀는 침 없이는 맛을 느끼지 못한다. 마른 혀에는 소금이나 설탕을 올려놓아

도 전혀 맛을 느끼지 못한다. 즉 우리의 혀는 침을 통해서만 맛을 본다. 힘든 일을 끝마치거나 운동경기를 마치고 혀가 바짝 말랐을 때 어떤 음식을 입에 대도 맛을 못 느끼는 것은 이 때문이다.

꿀은 썩지 않을까?

꿀은 썩지 않는다. 꿀은 살아 있기 때문이다. 이집트 왕 바로의 무덤에서 나온 5천 년 전의 꿀도 아직 제 맛 그대로 먹을 수 있다고 한다. 이 신비한 음식에는 철, 구리, 망간, 규소, 염화칼륨, 나트륨, 인, 마그네슘들이 가득 들어 있어 그야말로 영양덩어리다.

복어 한 마리의 독은 몇 사람이나 죽일 수 있을까?

복어의 독은 무색무취이고 아무리 강한 열에도 없어지지 않는다. 복어의 독성분은 테트로도톡신으로 청산가리의 13배나 강한 독성을 가졌고, 0.5mg으로 50kg의 사람을 죽일 수 있다. 독이 많은 복어 한 마리는 사람 30명을 죽일 수 있다.

감자로도 아이스크림을 만들 수 있을까?

이미 미국에서 실용화되어 있다. 특수한 열처리와 냉동처리를 통해 전분을 과당으로 바꾸면 아이스크림에서 쓸 수 있는 분유가 되며 다른 아이스크림과 똑같이 바닐라, 딸기, 초콜릿 등의 맛을 낸다.

큰 빌딩을 파괴할 정도의 태풍이, 나무는 그대로 남겨두는 이유는?

빌딩이 움직이지 않는 채 정면으로 부딪히는데 반해 나무는 탄력적으로 반응하기 때문이다. 흔들리고 뒤틀리면서 나무는 바람의 위력을 최대한 낮춘다. 그러나 견딜 수 있는 이상의 바람에는 나무도 뿌리째 뽑히거나 가지가 부러지는 수모를 당한다.

옥수수에는 왜 수염이 있는 것일까?

껍질을 벗기거나 먹을 때는 옥수수의 수염은 필요 없다. 그러나 이 수염이 없으면 옥수수가 생기지 않는다. 옥수수의 수염은 화분을 옮기는 역할을 한다.

비타민C는 어떤 맛일까?

우리가 일반적으로 비타민C라고 부르는 물질은 화학적으로는 아스콜린산이라고 한다. 레몬과 비슷한 맛이라고 생각하기 쉽지만 산의 일종이기 때문에 맛도 식초를 약간 달콤하게 한 것에 가깝다.

새끼손가락만 구부리려 하는데 약지까지 구부려지는 이유는?

약지는 매우 둔하다. 대뇌에서 내려진 명령이 척수를 통해 각 신경에 전달되는데 약지는 새끼손가락에 내려진 명령에 영향을 받게 된다. 그러나 약지도 훈련을 하면 자유자재로 움직일 수 있다. 피아니스트가 그 예다.

동물의 세계

개는 쉬를 할 때 왜 한쪽 다리를 들까

개가 한쪽 다리를 들고 쉬를 하는 모습은 어디서나 자주 볼 수 있다. 일반적으로 다리를 들고 일을 보는 것은 수컷이고 암컷은 쭈그리고 앉아서 일을 보는 것으로 생각하기 쉽다. 그러나 실제로는 암컷도 일부는 다리를 들고 쉬를 한다.

이 개만의 독특한 포즈는 대체 어떤 의미가 숨어 있는 것일까? 잘 알려진 사실 가운데 하나는 냄새를 뿌리기 위해서이다. 자신의 오줌 냄새를 뿌림으로써 자신의 구역임을 선포하는 것이다. 어느 정도 다리를 높이 쳐드는 것도 이러한 메시지를 보다 효과적으로 강조해서 전달하기 위한 행동이다.

젊고 혈기왕성한 개일수록 가능한 한 높이 다리를 쳐드는 이유도 여기에 있다. 나아가 전신주처럼 서있는 사물에 걸쳐서 일을 보면 더 효과적이다. 개의 코 높이와 비슷한 지점일수록 냄새가 더 잘 퍼지기 때문이다.

개가 어떤 스타일로 일을 보는가는 호르몬에 의해 결정된다고 한다. 암컷에게 남성 호르몬을 주사하면 다리를 들고 일을 보는 것도 이 때문이다. 따라서 수컷처럼 다리를 들고 쉬를 하는 암컷은 다른 암컷에 비해 남성 호르몬을 많이 가지고 있을 것이라는 추측도 가능하다. 그렇지만 수컷과 암컷이 가지고 있는 기관의 차이로 말미암아 결국 마찬가지 결과를 낳는다. 즉, 암컷이 아무리 다리를 들고 쉬를 해도 대부분 바로 밑에 있는 땅에 오줌이 떨어질 수밖에 없는 애석한 현실이다. 그렇지만 가끔 전신주 같은 것에 물구나무서기하듯 뒷다리를 걸치고 쉬를 하는 매우 강력한 암컷도 있다는 것은 흥미로운 사실이다.

상어도 복어를 먹으면 독에 죽을까

　자연계에서 복어의 천적은 사람 외에는 없는 것 같다. 아무리 흉폭한 상어도 복어를 먹으면 그 독에 당하고 만다. 결국 죽는다. 그 정도로 복어의 독은 공포스러운 것이다. 그 독의 이름은 '테트로도톡신.' 어느 실험에서 이것을 복어를 제외한 다른 물고기들에 주사해 보았더니 순식간에 죽어 버렸다고 한다. 상어도 예외는 아니다.

　복어는 자신의 몸을 지키기 위해 자신의 체내에 독을 지닌 채, '나를 먹고 싶으면 먹어라. 그렇지만 행동으로 옮기기 전에 잠시 생각해보는 게 어때?' 라고 뻔뻔스럽게 바다를 제멋대로 돌아다닌다.

　물론 수만 년 전에는 이런 사실을 알지 못하고 덥석 복어를 먹어 버리는 상어도 있었을지 모르지만, 지금은 상어와 복어가 서로 사는 해역이 다르기 때문에 마주칠 기회가 별로 없다. 가끔씩 마주친다 해도 상어는 본능적으로 '이놈은 먹지

않는 게 신상에 좋아' 라고 스스로에게 타이르고 복어를 무시한 채 그냥 지나간다.

복어 가운데에는 간이나 심지어는 껍질, 근육에도 독이 있는 종류가 있다. 그리고 상어뿐만 아니라 바다에서 살아가는 어떤 물고기도 이러한 사실을 알고 있으므로 감히 복어를 잡아먹으려 들지 않는다.

복어를 먹어도 괜찮은 것은 바로 복어 자신 외에는 없다. 복어는 서로 같은 무리끼리 잡아먹고 잡아먹힌다. 그렇지만 이 경우 서로 독에 대한 저항력을 가지고 있으므로 결코 독 때문에 죽지는 않는다.

복어에 독이 있다는 사실을 알면서도, 게다가 그 독에 당하면 죽음으로까지 이른다는 사실을 알면서도 복어를 먹는 것은 사람밖에 없다.

개와 고양이 중 어느 쪽이 귀가 더 좋을까

　개는 소리에 매우 민감한 동물이다. 아주 작은 소리에도 귀를 세우고 반응한다. 2만 헤르츠(Hertz)까지 밖에 듣지 못하는 사람에 비해 개는 8만 헤르츠까지 듣는다. 종류에 따라서는 지하수가 흐르는 소리까지도 듣는다고 한다. 그렇지만 저음은 사람이나 개나 비슷하다.

　두 개의 음을 구분하는 능력은 고양이가 뛰어나다고 한다. 예를 들어 50cm 간격을 둔 곳에서 두 개의 음을 내고 이것을 20m 떨어진 곳에서 들을 경우 고양이는 음의 차이에 민감하게 반응하는데 비해 개는 구별해내지 못한다고 한다.

　고양이는 원래 어두운 곳에 숨어 있다가 먹이를 노리는 타입인데 반해 개는 먹이를 추격해서 잡는 타입이다. 결국 고양이의 음감이 더 발달할 수밖에 없는 것이다.

사람 이외의 동물에도 치질이 있을까

치질이 사람에게만 생기는 이유는 한마디로 말하면 사람만이 유일하게 직립보행을 하기 때문이다. 텔레비전에서 본 무중력 상태에서의 우주비행사 얼굴은 약간 부어 있다. 지상에서는 이와 반대 현상이 일어난다. 몸무게 탓으로 혈액과 림프액이 몸의 아래쪽으로 쏠리기 쉽다.

직립하고 있는 사람의 경우 항문이 심장보다 아래쪽에 있다. 따라서 심장에서 압력을 받아 항문에 도달한 혈액은 다시 위로 올라가는 것이 어렵게 된다. 또 배에서 압력이 가해지면 다시 혈액이 항문 쪽으로 역류하고 만다. 항문 부분의 정맥은 따뜻한 조직 속에 있기 때문에 기본적으로 팽창하기 쉬우며 울혈이 생기기도 쉽다.

그렇지만 네 개의 발을 가진 동물의 경우 항문과 심장의 높이는 거의 같다고 할 수 있으며 복부의 압박도 없다. 그러므로 직장과 항문에 울혈이 일어나지 않고 치질로 나아가지도 않는다.

개미와 벌의 출퇴근 거리는

　수도권 샐러리맨의 통근시간은 1시간 이내라면 축복받은 경우라고 할 수 있다. 1시간 30분에서 2시간이 걸리는 사람도 적지 않다. 지하철을 앉아 가는 것은 고사하고 제대로 서 있지도 못할 만큼 사람들 틈에 끼여 온갖 고생을 겪는다.

　사람 이외의 다른 동물들은 어떤 생활을 하고 있을까? 그중에서도 부지런하기로 유명한 개미와 벌의 출퇴근 거리를 계산해 보자.

　개미의 경우 특정한 일터가 있는 것은 아니다. 계속 걸어 다니면서 일을 한다. 그 원정거리를 추적조사한 기록에 의하면 요새로부터 직선거리로 6.4m에서 13.3m 범위 안에서 움직인다고 한다. 보다 활동적인 것은 40m나 되는 큰 영역을 가지는 경우도 있다. 개미의 몸길이는 대개 15mm 내외이므로 약 2,700배에 달한다. 사람으로 환산하면 4km가 조금 안 되는 거리다. 이것을 매일 걷는 셈이다. 물론 실제 걷는 거리야

훨씬 많겠지만.

벌의 경우는 4km 사방으로 꿀을 모으러 다니기 때문에 그 몸길이를 고려하면 개미나 사람보다도 훨씬 넓다. 왜 4km인 가 하니, 그것이 벌이 갖고 있는 에너지의 한계라고 한다. 물 론 왕복이라는 점을 감안한 것이다.

하이에나는 썩은 고기를 먹고도 왜 식중독에 걸리지 않을까

　잔혹한 것인지, 아니면 강인하다고 해야 할까? 도산해서 아무것도 남아 있지 않은 회사에 쳐들어가 마지막으로 남아 있는 것까지 악착스럽게 차압하는 것이 기업의 생리다. 혹은 빌린 돈 때문에 고민하다 자살한 사람의 집에까지 쳐들어가 가재도구 하나 남기지 않고 싹 쓸어가는 일도 주저하지 않는다. 이들 고리대금업자를 대개 "하이에나 같은 놈들!"이라고 욕하곤 한다. 이러한 행위는 그들의 생존수단이자 법률적으로도 인정되는 채권자로서의 당연한 권리행사이지만 사람으로서의 도리는 아닌 것 같다.

　여기에서 굳이 하이에나가 지목된 것은 하이에나가 갖고 있는 흉악한 성질 때문이다. 하이에나는 동물의 시체를 찾아 무리를 지어 떠돈다. 썩어 들어가는 시체를 뜯어먹고 있는 하이에나를 보면 확실히 좋은 기분이 들 수는 없다.

　하지만 그것은 이들이 자신에게 부여된 자연의 책무를 충실히 수행하고 있을 따름이다.

하이에나를 보면서 항상 떠오르는 의문은 그렇게 썩은 고기를 먹는 데도 배탈이 나지 않을까 하는 점이다. 이것은 실제로 하이에나에게만 한정된 것은 아니다. 어떤 동물은 약간 부패한 고기를 오히려 맛있게 먹는 경우가 있다. 그러나 하이에나는 부패한 음식을 맛으로 먹는 것은 아니다. 이에 대한 증거로 신선한 고기를 주면 하이에나도 이 신선한 고기 쪽을 택한다.

부패한 고기를 태연하게 먹을 수 있는 것은 아마도 위산이 강하고 부패한 것에 대한 저항력이 강하며 특수한 소화효소를 가지고 있기 때문이다.

동물과 식물에도 혈액형이 있을까

수혈을 할 때와 친자를 판정할 때에 없어서는 안 되는 것이 혈액형이다. 혈액형이 A, B, O, AB라는 4종류로 나뉜다는 것은 초등학생도 알고 있는 일이지만 이 외에도 혈액형의 분류방법은 여러 가지가 있다. Rh+와 Rh−라는 구별법도 있고, 현재까지 약 150가지가 넘는 혈액형 분류방법이 발견되었다.

이 혈액형이라고 하는 것은 우연히 혈액에서 발견되었기 때문에 그렇게 불리는 것으로 일종의 신체의 항원항체반응 패턴이다. 이것은 유전적으로 결정되는 것이므로 친자관계를 증명하는 수단이 될 수가 있다. 수혈을 할 때 항원의 종류가 다르면 거부반응이 일어나게 된다.

이 항원항체반응의 유형은 신체 어떤 부분의 세포에서도 검출 가능하다. 예를 들면 범죄현장에 떨어져 있는 머리카락으로도 알 수 있다. 다만 이것은 상당히 검출과정이 복잡하고 어려운 반면 혈액을 조사하는 것은 매우 간단하므로 일반적으로 '혈액형'이라고 부른다.

항원항체반응은 모든 동물과 식물에도 존재한다. 따라서 그러한 의미에서 어떤 생물이라 할지라도, 예를 들어 혈액이 없는 생물일지라도 혈액형은 있다. 사람에게 친숙한 ABO형 분류에 따른다면 소는 모두 B형이다. 이러한 동물들은 그 종에 따라 하나의 혈액형만을 갖는 경우가 많다. 사람과 가장 가까운 오랑우탄은 A형을 비롯해 B, O, AB형도 있다.

아기 살모사가 개구리를 먹다가 혀를 깨물었다. 아기 살모사의 운명은

　뱀탕은 우리나라에서 뛰어난 정력제로 손꼽힌다. 또 뱀 중에 독이 많은 뱀일수록 정력에 더 좋다고들 말한다. 그래서 예전에는 유명한 산 아래에는 뱀탕집들이 많았다.

　그런데 이 독사들은 자신의 독에 대해 저항력을 갖고 있을까? 아니면 자신의 독이라도 침투되면 중독되어 죽게 될까?

　뱀탕으로부터 이 의문의 답을 추적해보자. 뱀탕에는 독사의 독이 모두 빠져 있을까? 어쨌든 뱀탕의 독은 사람을 해칠 수 없다. 왜냐하면 사람에게는 독을 분해하고 소화해 버리는 놀라운 기관, 즉 간이 건재하기 때문이다. 우리의 간은 독사의 독이 인체에 퍼져 독성을 발휘하기 전에 모두 분해해 버린다. 따라서 사람의 목을 통해 넘어간 독사의 독은 별다른 해를 끼치지 못한다.

　그러나 독사에게 다리를 물리면 살지 못한다. 이 독은 간을 통과하지 않은 채 피가 인체를 도는 속도인 23초 만에 피의 흐름을 따라 신체 곳곳에 침투하기 때문이다.

이런 과정은 독사들 자신에게도 해당된다. 아기 살모사가 개구리를 먹다가 혀를 깨물거나, 방울뱀끼리 싸우다 한 놈이 다른 한 놈의 이빨에 물렸거나 하면 죽고 만다. 간을 통과하지 않고 직접 피부를 통해 흡수된 독은 치명적이다. 즉, 뱀들도 침입한 독이 자신의 간을 통과하지 않는 한 살 방법이 없다.

독사 중에는 몸집만으로 사람을 꼼짝 못 하게 하는 종류가 있는데 바로 아시아산 킹코브라다. 이 뱀은 길이가 5.4m까지 자랄 수 있어 세계에서 가장 큰 독사다. 큰 킹코브라는 한 마리가 무려 20명 이상의 사람을 죽일 수 있는 독을 가지고 있다. 몸집만큼이나 타의 추종을 불허하는 엄청난 독이라고 할 수 있다.

고래는 허파호흡을 하는 데도 왜 육지에 나오면 죽을까

이 지상 최대의 동물이 육지로 올라와 숨이 막혀 죽어가는 모습을 보며 우리는 이런 질문을 던진다. 왜 고래는 육지에 올라올까? 고래의 허파호흡은 지상의 공기를 소화하지 못할까?

실제로 1970년대 후반 미국 오리건 주의 코발리스 근교 해안에서는 41마리의 향유고래가 모래사장 위에서 죽어가고 있었다. 수많은 과학자들이 현장에 모였지만 어떤 헬리콥터도 무게 15톤의 이 고래들을 다시 바다에 넣을 힘을 갖고 있지 못했고 물이 얕아 어떤 배도 해안 가까이 접근할 수 없었기 때문에 그들은 속수무책으로 죽어가는 고래를 보고만 있었다.

이런 고래의 집단자살행위는 해마다 전 세계에서 5건 정도씩 보고된다. 어떤 사람들은 고래의 귀에 기생하는 회충이 방향감각을 파괴해서 그렇다고 하고 또 어떤 사람은 고래의 집단형성 본능상 리더격인 고래가 병이 들거나 실수로 육지로

올라가 버리면 다른 고래들이 행동을 함께 한다고 주장하지만 어떤 주장도 확실한 물증을 제시하진 못했다. 고래의 육지 돌진이 어떤 원인인지는 아직 수수께끼로 남아 있다.

그러면 허파호흡을 하는 고래가 육지에서 죽는 이유는 무엇일까? 그것은 15톤이나 되는 체중 때문이다. 바다에서는 부력이 존재하므로 15톤 정도의 체중이 아무리 짓눌러도 고래는 충분히 살 수 있다. 이것이 공룡이 멸종된 후에도 고래가 살아남을 수 있는 이유 중의 하나다. 그런데 육지에 올라오면 고래는 호흡할 수 있는 공기 중에 노출되면서도 그 엄청난 체중이 폐를 눌러버린다. 마치 우리가 밥을 잔뜩 먹고 난 다음 숨쉬기가 곤란한 지경을 당하는 것과 마찬가지 이치다. 집채만 한 바위덩이에 깔린 폐처럼 그 기관은 더 이상 자신의 고유업무를 계속할 수 없다. 그래서 고래는 질식사하는 것이다.

멀리 이동하는 철새는 시차병에 걸리지 않을까

철새들의 해외여행에는 비자나 여권이 필요 없다. 그들에게 정말로 필요한 것은 건강한 체력과 부모로부터 물려받은 길에 대한 기억이다. 철새들이 어떻게 한 번도 가보지 않은 길을 수백, 수천 킬로씩 날아서 찾아가는지는 아직도 조류학자들의 끊임없는 탐구 대상이지만 이제 한 가지 질문을 거기에 덧붙이도록 하자. 새들도 날짜변경선을 넘어가면서 시차병에 걸릴까?

결론은 '아니다'이다. 새는 시차병에 걸리지 않는다.

물론 비행기의 연착이나 만원, 맛없는 기내식, 수하물의 분실 등도 없다.

새가 시차병에 걸리지 않는 이유 중에 가장 중요한 것은 아마 그들이 한꺼번에 그렇게 많이 날지 못한다는 것이겠지만 그보다 재미있는 이유는 그들이 좀처럼 날짜변경선을 넘어 동서로 날지 않는다는 점이다.

철새의 이동원인도 아직 수수께끼 속에 쌓여 있지만 대체로 여름과 겨울을 나기 위해 새로운 낙원을 찾아가는 것 같다. 시베리아의 겨울 추위는 새가 날기에는 지나치게 춥고, 한국의 여름은 또 살기에 적당하지 않은 더위일 것이다. 따라서 이들은 동에서 서로, 혹은 서에서 동으로의 동일 위도상의 이동보다는 남에서 북으로 북에서 남으로의 위도 간의 이동을 많이 하는 것 같다.

또 새는 사람과 달리 낙동강에서 양자강까지 하루에 비행하는 것 같은 흉내는 낼 수 없다. 사람이 시차병에 걸리는 이유 중의 하나는 짧은 시간 동안 너무나 많은 거리를 이동하기 때문이다. 또 기내에서 충분한 수면을 취하지 않을 경우 시차병에 걸릴 확률은 더 높다. 새들은 사람같이 무리하지 않는다. 수 주일에 걸쳐서 목적지에 이동하는 새도 있다. 새는 큰 호수나 해상을 날 때 등 어쩔 수 없는 경우를 제외하고, 체력의 한계를 넘는 무리는 하지 않는다. 피곤하면 날개를 내리고 잔다. 그러나 새들도 동에서 서쪽으로 가는 비행기를 탄다면 시차병에 걸릴지도 모른다.

새들은 긴 여행을 위해 많은 준비를 한다. 또 따뜻한 지역에 내리면 먹이를 배불리 먹는다. 한 번도 쉬지 않고 5,000마일 이상 날아가는 새들도 있다. 그 중에는 2주 만에 체중을 두 배로 늘리는 새도 드물지 않다. 재미있는 것은 너무 살찐 새들이 날아오르다 떨어지는 일도 생긴다는 사실이다. 그 모양은 마치 짐을 너무 많이 실은 비행기가 이륙할 때의 모습과 흡사하다. 어쨌든 새들은 철저한 준비와 적당한 휴식으로 결코 시차병에 걸리지는 않는다.

흡혈박쥐는 어떻게 피를 빨아먹을까

　박쥐가 야행성이라는 점, 그리고 동굴 속에 산다는 점 때문에 싫어하는 사람이 많지만 알고 보면 참으로 재미있는 동물이다.

　많은 사람들이 박쥐가 포유류라는 정도는 상식으로 알고 있다. 그러나 박쥐가 날 수 있는 비밀이 무엇인지는 잘 모른다. 박쥐의 날개처럼 보이는 부분은 사실 비정상적으로 긴 박쥐의 손가락이다. 날개점막을 지탱해주는 뼈가 바로 박쥐의 팔과 긴 손가락인 셈이다.

　사람들의 흥미는 역시 흡혈박쥐에 집중된다. 흡혈박쥐는 아메리카 열대 지방에서 서식하는데 소, 새, 심지어 사람의 몸에까지 잠에서 깨어나지 않을 정도로 가볍게 내려앉는 기술을 갖고 있다. 그러나 흡혈박쥐는 사람의 드라큘라가 하듯 피를 빨아먹지는 않는다. 그들은 면도날처럼 날카로운 이빨로 피부에 미세한 상처를 낸다. 상처는 피를 내기에 충분한 정도인데 박쥐의 타액에는 혈액이 굳는 것을 방지하는 항응고제 성분이 들어 있어 피가 일정 시간 굳지 않고 계속 흘러나온다. 흡혈박쥐는 피를 빠는 것이 아니라 대단히 빠른 속도로 피를 핥는다고 볼 수 있다. 흡혈박쥐는 상처 난 부위로부터 혀를 입 속으로 말아 피가 흘러들어오게 하면서 피를 핥아먹는다.

귀뚜라미는 수없이 날개를 비비는 데도 왜 날개가 망가지지 않는 것일까

가을에 듣는 귀뚜라미의 노래는 참으로 별스럽다. 그런데 귀뚜라미는 목으로 우는 것이 아니라 1초에 수십 번씩 날개를 비벼서 그 소리를 낸다.

사람이 귀뚜라미 흉내를 내어, 다리를 그렇게 계속 비벼보라. 1분도 지나지 않아 다리의 피부는 빨갛게 물들고 5분쯤 지나면 피부가 상할 것이다. 하지만 귀뚜라미는 아무렇지도 않다. 가을밤 내내 그렇게 비벼도 아무 상처가 없을 뿐만 아니라 노랫소리에도 전혀 변함이 없다. 그렇다면 귀뚜라미는 자신만의 독특한 윤활유라도 분비하는 것일까?

귀뚜라미의 앞날개는 사람의 손톱과 비슷한 단단한 각질이다. 따라서 우리가 손톱끼리 비벼도 손톱이 전혀 손상되지 않는 것처럼 그렇게 사용해도 괜찮은 것이다. 또 그 표면이 심한 마찰로 닳아도 손톱처럼 회복력이 강해 별 문제가 되지 않는다.

귀뚜라미의 날개는 또한 '빨래판' 같은 역할을 한다. 방망이 같은 걸로 주름진 빨래판을 긁어보라. 우리가 예상했던 것보다 훨씬 큰소리가 울리게 된다. 이런 빨래판 같은 귀뚜라미의 단단한 날개가 귀뚜라미 소리를 크게 나도록 한다.

눈꺼풀이 없는 물고기도 잠을 잘까

물고기는 일반적으로 눈꺼풀조차 없다. 눈꺼풀이 있는 물고기는 아주 희귀한데 골격이 연골로 되어 있는 상어나 가오리 같은 연골어류들만이 유일하게 눈꺼풀이 있다. 따라서 물고기는 눈을 감고 잘 수가 없다. 그들은 시각을 차단시켜주는 불투명한 막조차 가지고 있지 않다. 단, 자극물로부터 눈을 지키는 투명한 막만 있을 뿐이다.

물고기들이 잠을 잔다는 것은 사람과 다르다. 어류가 잔다는 것은 우리가 멍청하게 슬라이드를 보고 있는 때와 비슷하다. 눈은 뜨고 슬라이드를 보고 있지만 마음은 멍청하게 어딘가에……

물고기들은 멍청하게 있을 때가 자는 때다. 그러나 먼 바다에 있는 다랑어류 같은 것은 멍청하게 있을 때가 없으며 항상 헤엄친다. 아마 이들은 이 세상에 사는 동물 중에 가장 바쁜 동물일 것이다. 이렇게 모든 물고기들이 자는 것은 아니다.

　그러면 물고기들은 언제 잘까? 이 두 번째 질문의 대답은, '어류는 밤에 잔다. 그것은 아마도 어둡기 때문일 것이다' 가 될 것이다. 사실 '사람의 잠' 에 대한 연구도 아직 전인미답의 분야가 많다. 심지어 인간이 꼭 자야 하는가에 대해서도 결론이 나와 있지 않다.

　어항에서 물고기를 키우는 사람이라면, 물고기가 자고 있는 동안 움직이지 않고 떠 있는 것을 볼 수 있다. 그것은 보통 사람이 자는 것과 비교도 되지 않을 정도로 아름다운 자세로 잠든 모습이다.

원숭이도 나무에서 떨어진다는데 왜 자다가 떨어진 새는 없을까

지금까지 전선 위에서 '자다가 떨어진 새'가 있었다는 관찰 결과는 없다. 전선에 앉아 자는 새는 왜 떨어지지 않을까?

전선, 그것은 하이테크에 의한 대용품이며 새에게 있어서는 나무의 가지와 같은 것이다. 강한 바람이 불어도 새는 왜 떨어질 염려 없이 가지에 앉아 잘 수 있을까?

그것은 새의 다리에 숨어 있는 안전장치 때문이다. 새의 다리에는 발가락을 자유로이 움직이도록 특별히 만들어진 힘줄이 붙어 있다. 그 힘줄은 경골 관절의 바깥쪽과 발목 관절 안쪽에 붙어 있다. 새가 앉아 있을 때 체중이 걸리면 힘줄이 펴지고 발가락이 앞으로 더 굽어지면서 전선을 꽉 붙잡는다. 자고 있을 때 떨어지지 않도록 하는 역할은 발가락뼈의 아래쪽에 붙어 있는 다른 힘줄이 담당하고 있다. 힘줄 밑쪽에는 몇백 개의 작은 돌기가 나 있고, 그 돌기가 다른 면(전선이나 나뭇가지)을 꽉 잡을 수 있도록 한다. 체중이 걸리고 그 돌기가 전선과 나뭇가지에 완전히 고정됨으로써 새는 떨어지지 않게 된다.

달팽이가 가는 속도를 시속으로 환산하면?

연체동물의 껍데기는 다른 위험으로부터 자신을 보호하는 보호수단이 되는 반면 이동에 크나큰 장애가 된다. 가장 늦게 움직이는 달팽이의 하나인 유럽산 달팽이는 1분에 2.5cm를 간다. 시속으로 환산하면 이 달팽이는 한 시간에 1.5m를 간다.

왜 죽은 바퀴벌레는 한결같이 뒤집어져 있는 것일까

바퀴벌레는 국산이 아니다. 애초에 미국 원조물자가 들어올 때 반갑지 않은 손님으로 상륙한 벌레다. 이제는 집집마다 바퀴벌레가 없는 집은 거의 없는 실정이다. 그런데 이 벌레가 많은 제약회사의 밥벌이가 되고 있으니 아이러니컬한 일이다.

죽은 바퀴벌레들은 한결같이 뒤집어져 있다. 하늘에 무슨 호소할 것이라도 있다는 모습이다. 어째서 그럴까?

곤충학자들은 이렇게 말한다. '바퀴는 죽으면 다리가 경직되어 옆으로 쓰러진다. 그리고 대부분의 바퀴는 납작하기 때문에 쓰러지는 탄력으로 뒤집어지게 된다.'

만약 이것이 사실이라면 이 해답에서 모든 바퀴가 다 뒤집어지지는 않는다는 역설적인 결론을 다시 꺼낼 수가 있다. 왜냐하면 바퀴벌레의 세계에도 지나치게 식사량이 많은 바퀴벌레가 있을 것이기 때문이다. 그들의 배는 인간처럼 불룩 튀어

나왔을 것이고 무게중심 또한 배쪽에 있기 때문에 그들은 옆으로 쓰러져도 뒤집어지지 않을 가능성이 많다. 또 모든 바퀴벌레가 납작하지만은 않다. 몸집이 크고 둥근 바퀴벌레 종류도 있는데 이것들은 아마 뒤집어지지 않고 엎드린 채 죽을 수 있다.

바퀴벌레가 없는 집은 별로 없으니까 모든 가정에서 이 문제에 대한 해답을 찾아볼 수 있다. 그렇다고 이런 종류의 관찰을 늘 하라는 이야기는 아니다. 다만 아무리 사소한 현상이라도 그 원인과 이유를 캐나가는 연습이 필요하며 이러한 연습이야말로 우리의 상상력과 관찰력을 키우는 지름길이라는 점을 강조하고 싶을 뿐이다.

남극에 사는 펭귄은 북극에서도 살 수 있을까

이유는 알 수 없지만 펭귄은 대부분 남반구에서 살고 있다. 남극에서 사는 펭귄이 대표적이고, 남아프리카의 희망봉을 중심으로 한 지역, 갈라파고스 등지에서도 살고 있다. 펭귄은 피하지방이 매우 두꺼운 편이다. 신장은 1.2m에 불과하지만 체중은 35~40kg으로 비만형이다. 그리고 동맥의 주위를 정맥이 빽빽하게 둘러싸고 있으므로 체온을 잃는 법이 없고 혈액순환도 순조롭다. 그래서 추위를 타지도 않는다. 남극이라는 극한 환경에서도 생존하고 번식할 수 있는 모든 준비를 갖추고 있는 셈이다.

하지만 언제나 추위를 느끼지 않는 것은 아니다. 펭귄의 산란기는 겨울이기 때문에 알을 따뜻하게 유지해주지 않으면 얼어버리게 된다. 그래서 펭귄은 알을 품고 있어야 하기 때문에 제대로 먹지 못해 체중이 줄어들게 된다. 체중이 줄면서 피하지방이 같이 줄어들기 때문에 이때만은 펭귄도 추위에 떨게 된다. 하지만 대부분 이겨내고 알을 깨고 나온 어린 펭귄들을 잘 키워낸다.

그럼 이 펭귄들을 북극에 데려다 놓으면 어떻게 될까? 남극의 추위는 북극의 추위보다 더 강하다. 위도가 높기도 하지만 언제나 얼음에 덮여 있고 바다로 둘러싸여 있기 때문에 더 추운 환경이 만들어진다. 또한 북극은 난류(따뜻한 물)가 남쪽에서 북극해로 흘러들어오기 때문에 남극보다는 덜 추운 편이다. 그런데 남극처럼 한류지역에서 사는 펭귄은 북극이라 하더라도 한류지역이라면 사는 데 아무 문제가 없다. 펭귄이 왜 북반부에서는 살지 않는지는 아직 밝혀지지 않았으며, 단순히 펭귄의 기원이 남반구이기 때문이라고 여겨지고 있다.

더욱 즐거운 지적 탐험을 위한 페이지

라마(낙타의 일종)의 공격방법은?

라마는 남미 고원이 원산지로 몸길이가 2미터 정도다. 초식성 동물이지만 한 번 화나면 무섭다. 주요한 공격방법은 적에게 침을 뱉는 것이다. 이 침은 위의 내용물로서 스컹크를 방불케 하는 지독한 냄새를 풍긴다.

황사현상이 일어나면 송충이들은 왜 몸을 떠는가?

황사는 아주 미세한 먼지로 구성되어 있다. 이 먼지는 피부호흡을 하는 송충이들의 숨구멍을 막아 송충이를 질식사시킨다. 송충이가 몸을 떨 만하다.

대부분의 새는 이가 없다. 무엇으로 씹을까?

위가 그 씹는 작업을 대신한다. 새들은 먹이와 함께 조약돌이나 모래도 함께 먹으며 이 고체물질들이 위장을 뒤집어 놓으면서 음식의 소화를 돕는다.

숫자를 세도 잠이 오지 않을 땐?

머리를 계속 쓰는 한 잠이 오지 않는다. 이럴 때는 다른 감각, 예컨대 주위에

서 들리는 소리(청각)에 아무 생각없이 귀를 기울이는 것이 효과적인 수면촉
진법이다.

해변에서 알을 갓 깨고 나온 거북이 새끼는 한 번도 가본 적이 없는 바다를 향해 나아간다. 왜 그럴까?

거북이 새끼가 체내에 특수한 나침반을 가지고 있는 것은 아니다. 바다의 냄새를 맡는 것도 아니다. 새끼 거북의 눈을 감기면 그들은 바다를 볼 수 없기 때문에 바다로 방향을 돌리지 않는다. 본다고 해도 새끼 거북은 시야가 협소하기 때문에 바다 위에 반사되는 빛을 보고 바다의 방향을 감지할 뿐이다.

작은 바늘귀를 통과하는 곤충이 있을까?

약 3억 년 전의 잠자리는 길이가 76cm나 되는 날개를 가졌다고 하지만 오늘

날의 곤충들은 대개 아주 작다. 그러나 웬만큼 작아서는 결코 바늘귀를 통과하지 못한다. 바늘귀를 통과할 만한 유일한 곤충은 요정파리(실제로는 소형 나나니벌)라고 불리는 곤충이다. 이 곤충은 몸 길이가 0.025cm로 이 정도면 바늘귀도 통과할 수 있지 않을까?

동물계에서 가장 영리한 동물은?

일반적으로 침팬지나 돌고래가 가장 영리한 동물로 알려져 있다. 그러나 최근에는 비둘기도 침팬지나 돌고래 못지않은 지능을 갖고 있는 것이 아닐까 하는 실험결과가 발표되었다. 먹이를 얻기 위해 녹색등과 적색등을 구분하는 실험에서 비둘기들은 돌고래에 버금갈 만큼 좋은 실적을 올렸다고 한다.

딱따구리는 1초에 15~6번이나 나무를 쪼고도 왜 머리가 터지지 않을까?

딱따구리는 하루에 1만 2천 번이나 나무를 쫀다. 식성이 놀라운 이 새는 단숨에 900마리의 딱정벌레 유충이나 1,000마리의 개미를 먹을 수 있다. 딱따구리의 두개골은 뼈로 크게 강화되어 있다. 또 딱따구리의 목 근육은 아주 우수해 머리와 부리가 나무로부터 일직선을 향하도록 한다. 이것이 시속 2,000km의 속도로 움직이는 그의 머리가 터지지 않도록 하는 비결이다.

생활 속의 과학

모래 위에 지어진 피라미드, 지진이 일어나도 무사할까

   고대 역사는 수수께끼로 둘러싸인 부분이 많기 때문에 매우 신비롭고 매력적이다. 모든 것을 알고 있다면 한층 시시해져 버려 아무도 관심을 가지지 않을지도 모른다.

   이집트의 피라미드는 이러한 고대 역사의 수수께끼를 상징하는 대표적인 건축물이다. 발굴을 지휘한 사람은 저주를 받아 불의의 사고로 죽었다느니 하는 믿기 힘든 이야기들이 지금도 사람들 사이에서 회자되고 있다. 사막 속에 지어진 피라미드가 왜 한쪽으로 기울어지지 않는가라는 의문을 품고 있는 사람들도 있는데 이에 대한 답은 의외로 간단하다. 피라미드는 예전의 우유 삼각 팩을 크게 만들어 그대로 사막 위에 올려놓은 것 같은 구조를 하고 있다. 이러한 사면체는 기하학적으로 가장 안정적인 형태로서 높고 가는 탑 형식의 건물과는 기본적으로 다르다.

   다만 주의해야 할 점은 지반이 튼튼하지 못한 모래 위에 세워졌다는 점인데 이것도 의외로 안정적이다. 모래라고 하는 것은 산처럼 쌓여 있으면 밑에서부터 무너지기 마련이지만, 사막처럼 평평한 면을 이루고 있는 경우에는 무너질 위험이 없다. 위로부터 힘이 가해져도 그 힘이 분산되어 버리기 때문에 그 위에 있는 건물도 별다른 위험이 없다. 어지간히 커다란 지각변동이 아닌 한 보통 지진 정도로는 피라미드가 기울어지지는 않는다.

 게다가 그 정도의 거대건조물을 만들 정도의 토목기술이라면 우리들이 미처 생각하지 못한 공법이 사용되었을 가능성도 있다. 수수께끼는 원래 마지막까지 철저히 풀리지 않는 한 더욱 깊어만 가는 법이다.

피사의 사탑은 언제 무너질까

세상에는 처음 의도와는 달리 유명해진 것들이 있다. 예를 들면 슈베르트는 자신이 완성시키지 못하고 도중에 던져 버린 곡이 '미완성'이라는 이름의 '명곡'이 될 줄은 꿈에도 생각하지 못했을 것이다. 밀로의 비너스를 만든 무명의 조각가도 후세에 '팔이 없는 것이 작품의 완성도를 높이고 있다'는 평가가 나올 줄은 미처 예상치 못했을 것이다.

이탈리아 피사의 사탑도 그러한 것 중의 하나다.

기독교 교회, 피사의 대성당 종루로 건축된 탑이 그 약한 지반 때문에 도중에 기울어지기 시작한 것은 착공 후 약 100년 후이다.

옛날의 공사는 매우 오랜 기간 동안 작업이 계속되는 경우가 많았다. 이 대성당의 건축이 시작된 것은 1153년, 1173년에 종루의 기공도 시작되었다. 그런데 3층까지 만들어졌을 때 기울어지기 시작했다. 이것이 1178년의 일이다. 그 후 몇 번

이나 공사를 중단하기도 하면서 당시 수학자와 건축가를 총
동원해 마침내 완성한 것이 1372년이다.

그 후로도 계속 조금씩 기울어졌고 현재는 연평균 1.28mm
정도로 기울어진다고 한다. 경사도는 탑의 정상에서 4.422m
이다. 그런데 이 경사 덕택에 교회 종루에 불과한 건축물이
세계적인 관광명소가 된 것이다.

일본에서는 매년 큰소리 지르기 시합을 한다. 고도의 기능 사회 속에서 기계 부속품처럼 살아가다 한 번씩 포효하듯 소리치는 것은 선사시대의 사냥꾼으로 문득 되돌아간 듯한 느낌을 줄 만도 하다. 그러나 인간의 귀는 큰소리에 익숙하지 못하다. 아마도 진화 과정에서 큰소리를 들을 기회가 없었던 것이 확실하다. 인간의 귀에 있는 고막은 그런 점에서 커다란 약점을 지니고 있다. 그렇다면 사람의 소리가 고막을 터뜨릴 수도 있을까?

소리의 단위는 데시벨(Db)이다. 일본에서의 큰소리 지르기에서는 보통 150데시벨 정도까지 지를 수 있다. 그런데 사람의 귀는 150데시벨의 소음을 오랫동안 쏘아대면 영구히 귀머거리가 된다. 그러나 사람은 아무리 큰소리를 낸다 하더라도 오래 지속할 수 없으므로 사람의 소리가 고막을 파괴할 수는 없다.

그러나 전시가 되면 아주 위험한 지경에 이를 수 있다. 기구를 이용하면 185데시벨 정도의 소리는 어렵지 않게 만들 수 있는데 이 소리는 우리의 고막을 터뜨릴 수도 있다. 한편 확인되지는 않았지만 200데시벨의 소리는 사람의 목숨에 치명적이라는 이야기가 있다. 소리가 사람을 죽일 수도 있다는 말이다.

　귀는 우리가 진화해온 세계와 우리가 살고 있는 세계가 얼마나 다른지를 보여 준다. 우리가 살고 있는 이 문명의 세계는 인간의 신체를 고문하는 세계인지도 모른다.

부모가 아이의 성(性)을 선택할 수는 없을까

제주도에 가면 커다란 하루방이 있다. 그 하루방의 코는 얼마나 많은 사람이 만졌는지 적당히 닳아져 있다. 그 하루방의 코를 만지면 아들을 낳는다는 이야기를 신혼부부의 제주여행을 안내하는 안내원들이 빼먹는 적은 거의 없다.

그렇다고 과학적으로 증명된 '아들 낳는 법'은 없는가. 만약 없다면 아들을 낳기 바라는 이 나라의 모든 부부는 당장 자신의 쓸모없는 노력을 중단해야 할 것이다.

자식의 성을 선택하려는 노력은 고대 로마시대서부터 있었다. 로마의 동물학자 플리니우스는 1세기에 쓴 글에서 남자아이를 낳으려면 토끼의 고환과 자궁 또는 위막을 먹도록 권장했다. 미국의 펜실베이니아 지역은 지금도 이와 같은 황당한 방법(아이의 성을 미리 결정하기 위해 남자가 자신의 팬티를 침대의 오른쪽이나 왼쪽에 걸어놓는 방법)을 믿고 있다.

물론 아무 효력이 없다.

오늘날 그나마 과학적인 이유를 근거로 권장하는 방법은 크게 두 가지다. 하나는 남성 혹은 여성을 결정짓는 정자가 난자에 먼저 도착할 수 있는 촉진제를 주입하는 것이다. 의학적으로 남성은 XY성염색체로 이루어지고 여성은 XX성염색체로 이루어지며 여성의 난자는 항상 X염색체를 갖고 있으므로 남성의 X염색체를 가진 정자가 난자에 먼저 도착하면 여자아이가 태어나고, Y염색체를 가진 정자가 난자에 먼저 도착하면 남자아이가 태어난다. 그래서 남자 아이를 원하는 사람에게는 중탄산소다를, 여자아이를 원하는 사람에게는 식초를 주입해 각각의 성염색체를 가진 정자가 난자에 먼저 도착할 수 있도록 한다. 또 한 가지는 전통적인 식이요법인데 남아를 원하면 육류와 소금 및 야채를 권장하고 여아를 원하면 낙농품을 권장하는 것이다.

이 방법들이 얼마나 효과가 있는지에 대해서는 아직 뚜렷한 결과가 나오지 않았다. 때문에 지금도 태아가 남자아이냐 여자아이냐 하는 것은 5억 마리에 달하는 남성의 정자 중에 어떤 염색체를 가진 정자가 가장 빨리 난자에 도착하는가라는 달리기 시합으로 결정된다고 한다.

  어린 시절 누구나 할머니의 따뜻한 손이 배 위에 얹힌 경험
이 있을 것이다. 할머니께서는 "내 손이 약손이여" 하시며 손
자(녀)의 배를 쓰다듬고 문지르신다. 그러면 갑자기 아픈 배가
나은 듯한 느낌이 들고 잠이 쏟아지기 시작하는 것이다. 할머
니의 손이 약손이라는 말을 그대로 믿을 수 없는 어른이 되자
우리는 여기에서 한 가지 의문을 가진다. 아픈 배에 따뜻한
온기를 쐬면 왜 통증이 사라지는 것일까?

  그 해답을 설명하기 위해서 한 가지 예를 들어보자. 요즘 주
택공사를 도심에서도 많이 하는데 그때마다 굉장히 시끄러운
소리들이 들려온다. 그냥 참아보려고 해도 어느 정도지 더 이
상 참을 수 없는 순간이 온다.

  그럴 때 생각해내는 해결책 하나가 음악을 트는 방법이다.
음악의 볼륨을 높인다 해서 건설현장의 소리를 낮추는 것도
없애는 것도 아니지만 그 소리가 훨씬 덜 거슬리게 된다.

이런 현상은 분산의 효과다. 건설현장의 시끄러운 소리에만 주의가 집중되지 않고 음악에도 귀 기울이게 되면서 상대적으로 건설현장의 소리가 덜 시끄럽게 느껴지게 된다.

환부에 손을 대거나 다른 기구를 이용해 따뜻하게 하면 통증이 덜한 이유도 이와 같은 이치다.

통증이 있는 곳이 따뜻해지면 지각수용체가 자극을 받아 온도의 변화가 있는 것을 뇌에 전한다. 그것이 통증을 없애는 것은 아니며 다만 감각이 분산되어 통증을 덜 느껴지게 한다는 사실이다. 뇌는 통증에 대한 감각과 온도변화에 대한 감각을 한꺼번에 받아들이고 새로 시작한 감각 쪽에 더 많은 비중을 둠으로써 통증이 덜해진 것처럼 느끼게 한다는 말이다.

아마도 우리의 할머니들은 체험적으로 이런 사실들을 알고 있었던 '용한 의사' 였던 것 같다.

혼자 있게 되었을 때 갑자기 감기라도 걸려서 아프게 되면 몹시 서러워지는 경험을 한 번쯤은 해보았을 것이다. 그런데 하루 종일 누워 있었는데도 밤이 되면 몸이 더 아프다는 느낌이 들어 더욱 고통스럽다. 그것은 왜일까? 밤의 정기가 사람의 몸에 스며들어 고통을 더 키우는 것일까?

그 이유는 하루 종일 서 있어서 다리가 부어 통증을 느끼는 것과 마찬가지다.

또 하루 종일 누워 있으면 서서 활동하는 것보다 훨씬 몸 상태가 좋아질 것 같지만 그것도 상식의 허다. 몸의 상태가 나쁠 때에는 코막힘이 생기는데 그때 누워 있으면 더욱 코가 막히는 것처럼 느낀다. 그것은 서있는 것보다 누워 있는 것이 조직액과 혈액이 머리 부분에 머무르기 쉽기 때문이다.

따라서 너무 오랫동안 누워 있는 것도 오히려 증상을 악화시킨다고 한다. 병이 났을 때 하루 종일 누워 있으면 기분이 좋아지는 것이 아니라 오히려 기분이 나빠지는 것도 그 때문이다.

결국 몸이 좀 아프다고 해서 하루 종일 누워 있는 것은 오히려 건강을 해칠 가능성이 있으며 적당한 운동이 오히려 몸을 좋게 만든다는 것을 알 수 있다.

사람도 앞으로 계속 진화하면 다른 동물이 될까

기독교를 열심히 믿고 있는 사람 가운데는 아직까지 진화론을 인정하고 있지 않은 사람도 있을 것이다. 사람은 신이 자신의 형상을 본떠 만든 것이기 때문에 결코 원숭이에서 진화되어온 것은 아니라는 주장이다.

진화에 관한 학문은 지금도 여러 가지 설들이 계속해서 제출될 정도로 빠르게 발전하고 있다. 특히 DNA 연구 분석의

진전, 나아가 고고학의 성과가 반영되면서 날로 진보를 거듭하고 있다.

'신세대', '신인류'라는 말이 한때 유행한 적도 있지만 그것은 단지 감각 등 정서상의 문제이지 육체적으로 새로운 인류가 탄생했다는 뜻은 아니다. 인류가 지금까지 더 나아가 새로운 동물이 된다는 것이 가능할까? 그 가능성은 물론 있다. 실제로 오늘날의 한국인은 몇 백년 전 사람에 비해 키도 크고 외관상으로도 상당히 다르다고 한다.

그러나 전혀 다른 DNA를 가진 동물로 진화한다는 것은 몇 만년이라는 세월이 걸릴 수도 있고 유전공학의 발달에 의해 몇 십년 내에 가능할지도 모른다.

　운동장에 나가 열광적으로 자신이 좋아하는 팀을 응원하는 것은 현대식 스트레스 해소법이다. 요즘 성인농구 시합장에는 묘령의 아가씨들(여중 여고생)이 열광하는 모습을 볼 수 있는데 이 경우는 시험 압박으로부터 생긴 스트레스를 해소하는 것쯤으로 해석할 수도 있다.

　우리는 홈 어드밴티지를 당연하게 여긴다. 우선 원정팀은 먼 길을 오느라 피로가 쌓인 상태다. 또 홈팀은 경기장의 조건이나 지형에 익숙해 있어 상대팀보다 유리한 조건에서 싸울 수 있다. 객관적인 조건에선 항상 유리하다고 판단했던 말레이시아 축구대표팀과의 원정경기에서 우리 축구팀이 여러 번 패하고 돌아온 것도 흔히 홈 어드밴티지 때문이라고 우리는 수군댔었다. 물론 그때 말했던 홈 어드밴티지에는 심판의 편파판정이라는 인위적 변수도 숨어 있기는 했지만.

　역대의 월드컵 경기를 분석해보면 홈 어드밴티지가 있다는 사실을 확신할 수 있다. 지난 50여 년간 월드컵 주최팀 중에 8강전에 오르지 못한 팀은 없었다. 축구의 강팀으로 잘 알려져 있는 나라를 제외하고도 1954년 스위스는 8강전에 1962년 칠레는 준결승에 1970년 멕시코도 8강전까지 올라갔다. 그 동안 주최 측이 우승한 것도 5회에 이른다. 1994년 월드컵을 미국이 주최한 것도 이런 홈 어드밴티지를 이용해 미국축구를 부활시키려는 의도였다고 한다. 2002년 한일 월드컵에 대한민국이 4강에 들어간 것도 어쩌면 홈 어드밴티지였다고 볼 수도 있다.

그렇다면 홈 어드밴티지는 원정팀의 피로누적과 홈팀의 경기조건에 대한 친숙함으로 모든 것을 설명할 수 있을까? 유감스럽게 그렇지 않다. 어느 조사에 따르면 홈팀이라 해도 경기장의 응원자 수가 상대팀과 똑같은 경우 홈 어드밴티지가 적용되지 않는다. 즉 응원자의 수, 응원의 열광 정도, 응원이 선수에게 직접적으로 영향을 미칠 수 있는 정도가 홈 어드밴티지를 좌우한다고 한다.

또 쉬는 시간이 많고 운동장이 넓은 야구는 홈팀의 유리함이 53% 정도, 거의 쉬는 시간이 없는 역동성과 좁은 경기장을 구비한 농구나 아이스하키는 홈팀의 유리함이 62%에 이른다고 한다. 이 사실은 비교적 조용히 경기를 관전하며 운동장이 넓어 선수들에게 응원의 열기가 충분히 전달되지 않는 경기에 비해 끊임없이 열광하고 지붕까지 덮은 실내경기장에서 하는 종목이 훨씬 홈 어드밴티지의 효과를 많이 본다는 것을 알려준다.

어떤 이유든 홈팀이 유리한 것만은 사실이다. 원정경기의 불리함을 극복하기 위해선 지금까지 제시된 여러 가지 불리함을 최대한으로 극복하는 수밖에는 없는 것 같다.

잠잘 때 눈의 초점은 어디에 맞춰질까

근시인 사람도 꿈을 꿀 때는 안경을 쓰고 있지 않아도 정상인과 마찬가지로 볼 수 있다. 꿈은 시력과는 관계가 없는 듯하다.

카메라의 세계에서는 자동으로 초점이 목적하고 있는 부분에 맞춰지지만 사람의 눈이야말로 원조 오토 포커스라고 할 수 있다. 가까운 곳을 보려고 하면 어느 틈엔가 가까운 곳에 초점이 맞추어지고, 먼 곳을 볼 때는 먼 곳에 맞춰진다. 그러한 모든 움직임은 무의식적으로 행해진다.

그렇지만 금방 일어나서 아직 잠이 덜 깬 상태에서는 초점이 잘 맞춰지지 않는다.

그러면 실제 자고 있을 때 우리 눈은 눈꺼풀 안쪽을 쭉 보고 있는 것일까? 잠을 자고 있을 때는 웬일인지 안구가 위쪽으로 올라가 숨겨진 듯한 느낌을 받는다.

따라서 잠자고 있는 사람의 눈꺼풀을 뒤집어보면 흰자위밖에 보이지 않는다. 그런데 가장 깊은 잠이라고 하는 렘수면 때에는 안구가 급속히 운동하고 있다. 눈은 쉴 틈이 없다.

꿈에서 영감을 발견할 수 있을까?

재봉틀을 만든 일라이어스 하우에는 꿈에서 창 끝에 구멍이 뚫린 미개인들의 창을 보았다. 그러곤 바늘귀 대신 침 끝에 구멍이 있는 재봉틀을 만들었다. 공상소설『지킬박사와 하이드』도 저자 스티븐슨의 꿈에서 줄거리가 만들어졌다. 꿈에서 영감을 얻는 일이 종종 있고 있을 수 있다. 그러나 현실에서의 빈틈없는 노력 뒤에야 그런 행운이 온다.

자석의 한가운데는 N극일까 S극일까

논리적으로 이해가 되지만 느낌만으로는 제대로 알 수 없는 것 중의 하나가 자석의 힘을 이용해 달리는 초고속 열차다. 실용화된다면 별 생각 없이 타게 되겠지만, 자석의 S와 S, N과 N을 가까이 접근시킬 때 발생하는 반발력 가지고 정말 시속 500km라는 엄청난 속도를 낼 수 있을까?

막대자석의 그 양 끝은 S극과 N극이다. 그렇다면 그 한가운데를 잘라버리면 원래 S극이었던 부분은 모두 S극일까. 그렇지는 않다. 새롭게 잘려진 절삭부분이 N극으로 된다. 이것을 다시 반으로 잘라도 결과는 마찬가지다. 이런 과정을 끊임없이 반복해도 이론적으로는 영원히 S와 N이 만들어진다.

자석은 분자보다도 작은 전자와 원자 수준에까지 나누어질 수 있다. 이런 것이 모여 우리가 보고 만지는 실제 자석이 된다.

냉장고 문을 열어두면 시원할까

　무더운 여름철에 냉장고 문을 열어두면 방안이 시원해질까? 좁은 방이라면 냉장고를 에어컨 대신 사용할 수 있을까? 좁은 방에서 냉장고를 활짝 열어 두면 처음 10분 동안은 1도 정도 방안 온도가 내려가지만, 40분 정도가 지나면 냉장고를 열기 전보다 2도 정도 상승한다. 왜 그럴까?

　냉장고는 안의 위쪽에 증발기가 있어 뒤쪽에 있는 방열기라는 파이프에서 보내온 냉매를 증발시킴으로써 기화열을 빼앗아 냉장고 안의 온도를 내린다. 반대로 냉장고 바깥에 있는 방열기에서는 기체가 되어 돌아온 냉매로부터 열을 빼앗아 액화시킨다. 이 방열기에서 제거된 열은 방으로 배출된다. 그런데 냉장고 문이 열려 있으면 제거된 열이 냉장고 안으로 들어가므로 정상적으로 냉장고가 작동할 수 없게 된다. 냉장고는 문을 꼭 닫아 내부와 외부를 차단함으로써 효과를 발휘할 수 있다.

그런데 왜 과일을 냉장고에 보관해서 차게 먹으면 더 맛있을까? 단맛은 온도에 따라서 변한다. 과일의 단맛은 주로 포도당과 과당에 의한 것인데 저온일수록 단맛이 강하게 느껴진다. 30℃일 때보다 5℃일 때 단맛이 약 20%나 상승한다. 이렇게 단맛은 올라가는 반면 신맛은 온도가 낮을수록 약해지므로 과일을 차게 해서 먹는 것이 맛있다. 그러나 차게 한다고 해도 너무 차지 않고 10℃ 전후의 온도가 좋다. 너무 차게 하면 향이 없어지고 혀의 감각도 마비되어 단맛을 느낄 수가 없다. 대체로 먹기 2~3시간 전에 냉장고에 넣어 두는 것이 적당하다.

반대로 0~10℃ 정도의 낮은 온도에서 오히려 맛이 떨어지는 과일도 있다. 파인애플, 망고처럼 주로 아열대나 열대지방에서 자라는 과일은 대개 이런 현상을 보인다. 자라는 곳이 더운 곳이기 때문에 과일의 맛 또한 그 온도에 맞추어져 있는 때문이다. 그래서 차갑게 해서 먹으면 오히려 맛이 떨어지고 과일의 보존도 문제가 된다. 이런 열대과일은 1시간 이상 냉장고에 넣어두지 않는 게 좋다. 바나나의 경우 냉장고에 넣어두면 껍질에 검은 반점이 생기고, 과육이 검게 된다. 또 빨리 변색되고 썩게 된다.

　인공눈을 만드는 인공제설기가 등장한 지는 약 60년 이상
되었다고 한다. 1948~1949년에 미국의 모호크 마운틴 리조
트 사장으로 있던 쉬첸크니히트(Schoenknecht)는 눈이 오지
않아 사업이 힘들어지자 주변 농장의 관계용 파이프를 끌어
와 물을 뿌리고 커다란 송풍기를 설치해 인공눈을 만들어 스
키장을 운영했다고 한다.

　인공제설기 내부는 물을 가는 줄기로 내뿜는 노즐과 노즐에
서 나오는 물줄기를 작게 잘라주는 회전날개로 구성되어 있
다. 그래서 회전날개를 통과해 나온 물방울의 지름은 보통 5
㎛ 미만이라고 한다. 이렇게 제설기에서 뿜어져 나온 물방울
이 15~60m 가량을 날아가는 동안 차가운 바깥 공기에 열을
빼앗겨 땅에 떨어질 때쯤에는 얼음가루가 되었다고 한다. 따
라서 인공 눈도 바깥 기온이 영하인 날씨에서만 만들 수 있었
다.

최근에는 기체를 압축한 다음 물방울과 섞어서 분사하는 방식의 인공제설기도 선보이고 있다. 고압으로 압축된 기체가 갑자기 저압상태로 나오면 주변의 열을 빼앗는 원리를 이용해 물방울을 얼려서 인공눈을 만드는 방법이다.

인공눈은 작은 얼음 알갱이여서 자연설과는 전혀 다른 성질을 가지고 있다. 보통 자연눈의 밀도는 인공눈의 부피의 절반 이하라고 한다. 그래서 눈과 눈 사이의 공간이 채워지며 나는 '뽀드득' 소리를 들을 수 없고 넘어졌을 때도 자연눈에 비해 더 아프다. 또 인공눈은 쉽게 녹지 않아 많은 양을 쌓아 놓으면 영상 10도까지는 스키를 탈 수 있다고 한다.

똑같은 양의 밥을 먹고도 왜 남자는 여자보다 힘이 센가?

첫째는 호르몬의 차이다. 남성 호르몬은 여성 호르몬에 비해 근육과 골격의
힘에 더 큰 영향을 준다. 또 한 가지는 근육에 산소를 옮겨주는 적혈구의 양
이 남자가 여자에 비해 10%쯤 더 많아 남자가 힘이 셀 수밖에 없다.

계속 상승하는 풍선의 행방은?

바람을 따라 흘러가는 풍선은 어딘가에 걸리겠지만 계속해서 올라가는 풍선
은 고도가 높아짐에 따라 기압이 낮아지고, 결국 풍선에 대해 외부에서 가하
는 압력이 약해진다. 그러나 풍선 안의 공기는 지상에서의 기압과 똑같기 때
문에 밖으로 향해 미는 힘이 계속 강화된다. 따라서 상승할수록 풍선이 팽창
함에 따라 고무가 견디지 못하고 터지게 된다.

임진왜란 당시 한국인의 평균 수명은 몇 살일까?

정확히 말할 수 없지만 이순신 장군이 한산도 대첩의 승리를 거둘 때의 평균
수명은 30세 가량이다. 아마도 유아 사망과 전쟁 사망이 그 원인인 것 같다.

참고로 성경은 인간의 수명이 최대 70세라고 말하고 있다.

어째서 여자들은 남자보다 일반적으로 더 빨리 말을 할 수 있을까?

문제는 호흡에 있다. 남자들보다 여자들의 성대는 더 짧다. 따라서 소리를 낼 때 필요한 공기량도 덜 필요하다. 여자들이 말하는 속도로 남자들이 빠른 속도로 말하기 위해선 더 많은 공기가 필요하다. 결국 그 공기를 공급하기 위한 호흡을 하다보면 거꾸로 말이 느려지게 된다.

운동선수들을 가장 질식시키는 것은?

운동선수들이 자신의 실력 이하로 경기를 하는 가장 큰 이유는 질식할 것 같은 스트레스, 긴장 때문이다. 모든 운동은 집중을 필요로 하고 스트레스에 의한 긴장은 집중의 가장 큰 적이다. 스트레스가 당혹감이나 근심거리를 가져다 줄 때 운동선수들은 집중력을 잃고 보잘 것 없는 경기를 하게 된다.

S극을 위한 가장 위대한 탐험은?

지구의 S극인 남극을 위한 가장 위대한 탐험은 1914년 영국인 아네스트 새클턴경이 이끄는 탐험대였다. 그들은 남극해에서 빙산과 충돌해 배를 잃었으며 거친 남극해를 7m짜리 보트로 1,300km나 항해했다. 28명의 대원 중 6명의 대원이 포경기지를 향한 구원의 항해를 하는 동안 나머지는 조그만 보트 2개를 엎어 놓고 그 아래에서 4개월 반이나 버텼다. 지구의 S극은 인간의 도전을 좀처럼 받아주지 않았지만 인간의 발길을 거부할 수는 없었다.

엘리베이터로 지구중심에 도착할 수 있을까?

1970년 구소련은 지질탐사를 위해 소련 서북부지역의 콜라반도에서 땅을 파들어 갔다. 이들은 1980년대 중반까지 지하로 약 11km를 파고 들어갔다. 지금까지 이보다 깊게 들어간 적은 없었다. 지구 중심은 지표면으로부터 약 3,000km에 달하고 흔히 지표면이라고 부르는 지각만도 34km나 된다. 인류는 아직 지표면도 뚫지 못한 셈이다. 엘리베이터로 지구 중심에 도착하는 것은 아직 난망한 셈이다.